Marie-Laure Cuzacq

L'ESTIME DE SOI

Apprendre à s'aimer pour vivre pleinement

EDITIONS ESI

Sommaire

Introduction

Réussir ses études puis sa vie professionnelle, pouvoir compter sur ses amis ou sa famille, trouver l'amour, être bien dans sa peau, avoir des relations harmonieuses avec autrui, avoir peur de parler en public, oser exprimer son opinion (surtout quand on n'est pas d'accord avec les autres), recevoir un compliment avec plaisir ou avec angoisse… Tant de situations et un seul point commun qui les conditionne toutes : l'estime de soi. L'estime de soi est, en effet, un concept central en psychologie car il explique la plupart des comportements, des émotions, des peurs, ou des sentiments de chacun. Au quotidien, l'estime de soi peut nous donner la force de faire front face aux innombrables épreuves de la vie, comme elle peut nous piéger dans des comportements inadaptés qui finissent par nous porter préjudice… L'estime de soi est à la fois la source et la conséquence de nos actes et de nos pensées. C'est un concept riche et complexe puisqu'il donne à la fois une description de l'être humain en lui-même, mais aussi de l'être humain en interaction avec les autres.

Dans ce livre, nous tentons d'expliquer certains des mécanismes psychologiques liés à l'estime de soi, ainsi que leurs incidences, nombreuses, sur nos vies. Nous voulons aussi, dans une certaine mesure, lancer des pistes, ouvrir des perspectives, fournir quelques outils concrets pour améliorer certaines estimes de soi fragiles… Tous les chapitres sont indépendants les uns des autres, ce qui permettra au lecteur d'aller directement à celui qui l'intéresse. L'ambition de ce livre est d'être le plus concret possible, pour aider celui qui le lit à mieux comprendre son propre fonctionnement. Car finalement, et malgré la diversité de la nature humaine, un jour ou l'autre, tout le monde finit par se poser les mêmes questions, lancinantes ou ponctuelles, douloureuses ou sereines : *« M'aime-t-on ? Suis-je digne d'être aimé ? Comment les autres me voient-ils ? Comment je me vois… moi ? »* La seule réponse valable à ces questions est en chacun de nous. Alors… bonne réflexion !

Qu'est-ce que l'estime de soi ?

« Les gens ne vous estiment jamais plus que vous ne vous estimez vous-même. »

Gilbert Choquette

Témoignage

« *Je crois que, pour moi, l'estime de soi, c'est être fier de ce que l'on a accompli et de ce que l'on est devenu. Je me suis marié il y a trente ans (et je le suis encore !), j'ai eu trois enfants et j'en suis très fier. Ils sont tous les trois installés et nous avons déjà deux beaux petits-enfants. Je suis associé dans un gros cabinet immobilier, je gagne plutôt bien ma vie et j'ai une belle maison du côté de Fontainebleau.*

« Je travaille beaucoup et ce, depuis toujours. Mes parents se sont saignés aux quatre veines pour que je puisse faire de vraies études. Mon père travaillait de nuit dans une usine et ma mère tenait un petit restaurant de campagne avec ma tante. Je n'ai pas fait des études commerciales par hasard. Mes parents m'y ont poussé, car ils croyaient fermement que c'était la meilleure façon de réussir. Et ils avaient raison finalement ! Ce n'était pas un domaine qui m'attirait beaucoup, mais j'y suis allé quand même. J'ai réussi à terminer mon cursus et à me lancer dans la vie active. C'est vrai qu'à l'époque, il y avait moins de problèmes pour trouver du travail, mais j'ai aussi connu des périodes de vaches maigres !

« Quand j'ai commencé à travailler, j'avais l'angoisse de ne pas être assez performant par rapport aux attentes de mon entourage... C'était difficile de me montrer toujours au top et souriant, que ce soit avec les collègues, qui avaient les dents longues, avec les clients,

qui cherchaient la faille pour négocier, ou encore avec mes parents, à qui je ne pouvais confier mes doutes. Je me suis souvent demandé si j'étais vraiment fait pour ça… Mais je ne voyais pas trop comment faire autre chose, surtout avec une famille à charge. En définitive, je me dis que ce manque de confiance m'a bien servi : je prenais des notes sur tout, je préparais longuement chaque rendez-vous client, tant et si bien que mon patron vantait mon sérieux. Je n'osais pas lui dire qu'au fond, c'était la peur de ne pas y arriver qui me rendait aussi perfectionniste.
« Avec l'âge et l'expérience, je me suis montré beaucoup plus confiant, forcément. Il est sûr que je suis beaucoup plus serein maintenant qu'il y a quelques années. J'ai eu la vie que beaucoup de monde aimerait avoir. Je me sentirais même ingrat de dire que ce n'est pas la vie dont j'ai rêvé, car, vraiment, il n'y a rien que je puisse reprocher à quiconque. J'ai juste parfois l'impression d'avoir beaucoup vécu pour les autres et finalement assez peu pour moi-même. Mais j'ai encore ma retraite, n'est-ce pas ? »

Pierre, 63 ans

Un peu de théorie

L'estime de soi : la réponse complexe à une question simple

L'estime de soi, chacun peut, comme Pierre, en donner une définition personnelle. D'ailleurs, des centaines de psychologues ont débattu et débattent encore sur sa définition. La meilleure définition est aussi la plus simple. L'estime de soi se résume en une question, ou plutôt deux : *« Comment je me vois ? »* et *« Ce que je vois me plaît-il ? »*
Évidemment, une fois le problème posé, sa résolution n'en demeure pas moins complexe… En fait, trois éléments doivent être envisagés quand

il s'agit de se juger : *« Est-ce que j'aime la personne que je suis ? »* (ma valeur absolue), *« Est-ce que je me sens apte à réussir par moi-même ? »* (ma valeur relative) et *« Est-ce que je suis capable de me projeter dans le futur ? »* (ma valeur potentielle).

Être conscient de sa « valeur absolue »

Être conscient de sa valeur absolue, c'est se donner le droit d'exister. C'est aimer sa propre personne, avec ses défauts et ses qualités, et se donner le droit d'être aimé en retour. C'est cet amour sans condition – mais non aveugle – qui permet de vivre les échecs sans désespérer ou de courtiser la personne qui nous plaît.

Cette lucidité bienveillante n'est malheureusement pas innée, mais s'acquiert dès la petite enfance, voire même pendant la grossesse, grâce à l'amour inconditionnel des parents ou des personnes tenant lieu de parents, dont un des rôles majeurs est de faire passer le message suivant : *« Je t'aimerai quoi que tu fasses. »* C'est une condition importante pour construire une estime de soi satisfaisante et stable.

Faire confiance en sa « valeur relative »

La valeur relative d'un individu est ce que l'on appelle, en général, la confiance en soi. Elle dépend de ses propres performances et s'appuie donc essentiellement sur la conscience de ses compétences, acquises par l'apprentissage et l'expérience. Car l'estime de soi n'est pas seulement l'amour de soi, c'est aussi le sentiment d'être compétent, habile, doué, dans des domaines investis et que l'on juge importants. Ce sentiment d'« efficacité personnelle » permet de réagir à bon escient et au bon moment, de prendre des décisions importantes, de pallier l'imprévu… En un mot, d'agir. On reconnaît ceux qui en manquent dans leur tendance à remettre toujours au lendemain ou à ne pas oser dire non, même quand ils sont dans leur droit.

Cette confiance se construit également, mais reste assez fluctuante tout au long de la vie (d'où son nom de « relative »). Cependant, il est certain qu'elle se fortifie avec le nombre de difficultés surmontées, comme le souligne Pierre dans son témoignage : plus on est à l'aise avec un travail qui semblait difficile au début, plus notre confiance en soi augmente.

Croire en sa « valeur potentielle »

Croire en sa valeur potentielle, c'est croire que l'on peut s'améliorer, se projeter dans l'avenir et se donner les moyens d'atteindre ses objectifs. Notre valeur potentielle est souvent conditionnée au travers de ce que les autres ont vu ou voient en nous, ce que l'on appelle le phénomène de projection. Dans le cas de Pierre, par exemple, sa valeur potentielle a été conditionnée par les attentes de ses parents, qui ont souhaité pour lui un avenir « supérieur » au leur, et qui l'ont rendu, d'une certaine manière, dépositaire de leurs propres ambitions et de leurs propres désirs.

Prendre conscience de sa valeur potentielle, ce que Lelord et André* appellent la « vision de soi », est un formidable moteur pour avancer, dans la mesure où elle nous pousse à nous dépasser. Mais elle peut aussi se révéler écrasante, si l'on ne se sent pas capable de l'assumer. *A contrario*, une personne dont l'entourage n'a jamais eu aucune ambition pour elle peut voir sa valeur potentielle réduite à néant : « *À quoi bon me démener si personne ne croit en moi ?* »

* Christophe André et François Lelord sont respectivement psychiatre et psychothérapeute, et auteurs, entre autres, de *L'Estime de soi, s'aimer pour mieux vivre avec les autres* (éd. Odile Jacob, 2008).

À RETENIR

L'estime de soi : un ensemble de 3 éléments

- La valeur absolue : est-ce que j'aime la personne que je suis ?
- La valeur relative : suis-je compétent dans certains domaines ?
- La valeur potentielle : puis-je progresser ?

L'estime de soi : la somme de plusieurs facteurs interdépendants

Il est impossible de déterminer l'origine exacte d'une haute ou d'une faible estime de soi. Mais les difficultés les plus importantes proviennent souvent d'une incertitude face à sa valeur absolue (son amour de soi).

L'estime de soi : un processus déterminé par le monde extérieur

L'estime de soi est un processus souvent conditionné par notre enfance, pendant laquelle nous sommes perméables aux attentes, aux désirs et aux stimulations du monde extérieur, c'est-à-dire principalement de notre famille.

L'estime de soi : un cercle vicieux ou vertueux

L'estime de soi est à la fois le résultat et la cause de notre comportement, puisqu'elle influe sur notre façon de penser et donc notre façon de réagir.

La constitution de l'estime de soi de la naissance à 18 mois

« L'asile le plus sûr est le sein d'une mère. »

Jean-Pierre Claris de Florian

Témoignage

« J'ai toujours été assez sauvage. J'ai du mal à me retrouver dans un milieu social et à créer des liens avec les gens. Je gagne ma vie comme traductrice anglais-japonais-français et je travaille donc chez moi la plupart du temps. Je suis célibataire, je sors peu, je n'ai pas beaucoup d'amis et j'ai des loisirs assez solitaires. Pour moi, faire confiance à quelqu'un, c'est compliqué. Ça demande du temps. Je comprends que les gens ne viennent pas spontanément vers moi quand je vois mes réactions quelquefois, mais je n'arrive pas à m'en empêcher. Je suis souvent froide avec les gens que je ne connais pas. L'avantage, avec mon boulot, c'est que, la plupart du temps, tout se fait par Internet et par e-mail, ça m'évite de devoir être sociable !

« Je ne sais pas si ça explique tout, mais j'ai appris, il y a quelques mois, que ma mère avait fait une dépression importante, liée à la mort de ses parents, quelques jours après ma naissance. Elle avait apparemment toujours été assez émotive. Elle a mis beaucoup de temps à s'en remettre et ne s'est quasiment pas occupée de moi pendant les deux premières années de ma vie. Je ne m'en souviens pas, évidemment, mais c'est mon père ainsi que mes sœurs qui ont pris le relais, qui m'ont changée

et même nourrie.

« On m'a toujours décrite comme un bébé agité. On avait beaucoup de mal à me calmer lorsque je commençais à pleurer, ce qui ne devait pas arranger les choses avec ma mère dépressive. Heureusement, au bout de deux ans environ, elle s'est à peu près remise et, quand on en a parlé, elle m'a dit qu'on avait "refait connaissance" à ce moment-là. D'ailleurs, après, elle a tout fait pour compenser. Elle a souvent cédé à mes caprices ou à mes exigences, surtout lorsque j'étais ado. C'était vraiment le "grand n'importe quoi" ! Je suis partie à 18 ans au Japon pendant un an, en ne donnant quasiment aucune nouvelle à mes parents !

« Maintenant, je suis finalement presque soulagée de savoir que ma mère a été dépressive pendant un moment, parce que, si je n'ai quasiment aucun souvenir avant mes 5 ou 6 ans, je sais que j'ai toujours été très réservée, voire anxieuse, sans raison, même en famille. Je ne sais pas si ceci explique cela, mais, en tout cas, ça m'a fait du bien d'avoir un bout d'explication. Je pense commencer une psychothérapie pour essayer de voir comment je pourrais m'ouvrir un peu plus. Je crois que je suis sur la bonne voie. »

Marion, 29 ans

Un peu de théorie

Dès la naissance, les parents ont une influence significative sur l'estime de soi de leur enfant. Comment celle-ci se construit-elle les premiers mois ?

Peut-on parler d'estime de soi chez les nouveau-nés ?

Il est difficile de parler d'estime de soi chez les bébés. En effet, qui dit estime de soi dit conscience de soi, et donc possibilité de « s'autoévaluer », ce que n'ont pas – heureusement ! – les enfants aussi jeunes. D'ailleurs, c'est vers 15 mois et le fameux « stade du miroir » que l'enfant acquiert une représentation de lui-même assez précise pour pouvoir reconnaître son image dans son reflet. Mais il ne parvient à se décrire d'une façon complète et structurée que vers l'âge de 6 ans seulement. Cependant, même s'il est trop tôt pour parler d'estime de soi, il est possible de définir, et ce dès la naissance, les éléments majeurs qui, dans l'éducation de l'enfant, lui donneront les bases d'une bonne ou d'une mauvaise estime de soi.

La dépendance absolue du nouveau-né

De la naissance à 18 mois, le développement physique et psychologique du bébé, son bien-être sont indissociables de l'amour et des soins dont il bénéficie. L'être humain naît en étant totalement dépendant de ses parents et, à plus forte raison, de sa mère, qui l'a nourri pendant neuf mois et qui continue de le faire après la naissance. Pour cette raison, les bébés recherchent avant tout un contact humain et sécurisant, condition *sine qua non* à leur survie. Ils ont ainsi, naturellement, une préférence pour les bruits, les images et les odeurs, qui facilitent ce que l'on appelle une « réponse sociale » : ils vont par exemple tourner la tête vers une voix humaine plutôt qu'une voix électronique. D'ailleurs, il a été démontré que l'enfant dont on comble les besoins purement physiologiques (être nourri, changé), mais sans faire preuve de tendresse ou d'affection, ce que Boris Cyrulnik appelle les « nourritures affectives », finit par dépérir rapidement.

Le sentiment de sécurité affective : le préalable indispensable au développement d'une bonne image de soi

Cette période des 18 premiers mois est celle du développement des liens affectifs. Ces liens sont convenablement tissés quand l'enfant se sent en sécurité dans son environnement. Cette sécurité vient essentiellement de la fiabilité des soins prodigués à son égard, de la constance des câlins, baisers et autres marques de tendresse de la part des parents, et plus particulièrement de la mère, avec qui le bébé vit une relation très fusionnelle, héritage de la grossesse.

Le bébé, qui communique des besoins, doit sentir, à travers la réaction de ses parents, que ses besoins sont importants, voire prévus, et qu'ils vont être comblés. Ses attentes doivent être valorisées et sa détresse doit être prise en compte. Ainsi, on peut supposer que Marion a manqué de cette sécurité affective. Cela s'est ressenti enfant, puisqu'elle dit elle-même avoir montré beaucoup d'anxiété, même au sein de sa famille. Et, maintenant, cela se traduit par une grande difficulté à faire confiance spontanément ou à créer des liens sociaux.

L'autorégulation des émotions

Les échanges et la communication avec le bébé sont cruciaux, même s'ils peuvent, à cette période, sembler limités. Parler « bébé », provoquer des réactions émotionnelles positives, comme sourire quand le bébé applaudit ou dessine, partager l'intérêt qu'il porte à un objet sont autant de stimulations qui lui permettent d'« autoréguler » ses émotions. En effet, à un certain stade, l'enfant va guetter la réaction de l'adulte avant de réagir lui-même. Face aux émotions des autres, il va apprendre à moduler les siennes, ce qui représente le préambule à son futur comportement en situation sociale. Ainsi, l'enfant qui a été félicité pour un dessin, outre le fait qu'il va se sentir reconnu, aura tendance à imiter et reproduire ce comportement dans le même type de situation, avec un autre bambin par exemple. Il pourra ainsi se lier plus facilement et avoir des contacts satisfaisants avec les autres.

De plus, un enfant dont les parents ont encouragé et partagé des émotions positives se montrera forcément plus assuré : ses actions sont valorisées, approuvées, reconnues. Il développera donc une plus grande autonomie, l'élément majeur d'une bonne estime de soi.

À RETENIR

Le développement de l'estime de soi chez l'enfant dépend de son développement physique, émotionnel et psychologique

L'enfant a des besoins physiologiques certes, mais demande surtout de la tendresse et de l'amour. Sans « nourritures affectives », il n'y a pas de développement possible.

L'enfant se développe aussi en imitant ses parents

L'enfant grandit en respectant un programme génétique prédéfini : tous savent à peu près marcher à 1 an et parler à 2 ans, mais un modèle parental positif est également essentiel, puisque l'enfant adaptera son comportement à celui de ses aînés.

L'attachement parent-enfant est un processus long au cours duquel les erreurs sont possibles et rattrapables !

Pendant 18 mois, les parents vont faire connaissance avec leur enfant. Comme dans toute relation, il y a des moments où l'on est moins en forme que d'autres. Ce n'est donc pas la peine de culpabiliser si l'on perd patience... La vie est longue !

Favoriser l'estime de soi de 18 mois à 3 ans

« Une maman, c'est celle qui gronde
mais qui pardonne tout. »

Jean Gastaldi

Témoignage

« Je suis né dans un milieu familial privilégié : mes parents sont toujours mariés, j'ai deux sœurs et un frère, avec qui je m'entends bien, et nous n'avons jamais manqué de rien. Mon père était chef d'entreprise et ma mère travaillait plus ou moins avec lui. Elle allait voir les clients, faisait un peu de secrétariat. Elle s'occupait aussi de plusieurs associations caritatives.

« Elle était à la fois très maternelle et très droite. Elle a toujours essayé de nous responsabiliser, même très jeunes. C'était pour elle la meilleure preuve d'amour qu'elle pouvait nous donner. Elle nous expliquait les règles et nous étions libres ensuite de faire ce que nous voulions. Mais les transgresser restait à nos risques et périls. Elle m'a toujours dit : "Tu sais ce que tu ne dois pas faire, alors ne t'étonne pas si je te punis quand tu fais des bêtises !" Elle me disait juste qu'elle était triste que je ne l'écoute pas… Et, même si je venais de me prendre une fessée magistrale, j'allais quand même la consoler… Et j'en ai connu des fessées ! Je suis le troisième de la fratrie… et le plus turbulent ! Mes parents, et même mon frère et mes sœurs, m'ont souvent raconté que j'étais un vrai casse-cou quand j'étais petit. Même à la crèche, j'étais la terreur

des nourrices ! J'adorais les histoires de Jules Verne, que me racontait mon père, et je m'imaginais volontiers en aventurier. Cela m'a occasionné pas mal de chutes, de bêtises, comme essayer de descendre de ma fenêtre en faisant des nœuds à mes draps, et de réprimandes. Mais, a posteriori, je n'ai réellement aucun mauvais souvenir.
« Depuis, j'ai gardé ce trait de personnalité. Je suis toujours avide de sensations inédites, de nouvelles expériences. Depuis deux ans, je suis formateur en management, ce qui reflète bien mon caractère : je suis très sociable, j'adore bouger et je déteste la routine. Avec mon métier, je me déplace partout en France, avec des périodes de "rush" et d'autres plus tranquilles, où je peux me consacrer à ma famille et à mes loisirs. Chaque séminaire est unique, je peux rencontrer plein de personnes différentes, qui viennent d'entreprises et de milieux très divers. Comme je forme les gens au management, il est important qu'ils puissent parler librement de leurs problèmes et de leurs difficultés au boulot. J'arrive souvent à créer ce lien, même superficiel, qui leur permet justement de "se lâcher" pour évacuer un peu leur stress. J'aime beaucoup ce que je fais et je me sens vraiment utile. Mais j'ai un peu la bougeotte et je voudrais peut-être changer bientôt, qui sait ! »

Éric, 35 ans

Un peu de théorie

L'enfant, à l'âge de 18 mois, a déjà bien changé depuis sa naissance ! Il marche, commence à s'exprimer et se différencie des autres enfants à travers un caractère unique et souvent bien trempé. Quelles sont les grandes lignes à respecter pour faire de ce bambin un enfant épanoui ?

L'émergence de la conscience de soi, les premiers pas de l'estime de soi

C'est vers l'âge de 18 mois que l'enfant commence à se représenter comme unique et différent des autres, à se créer une image interne de lui-même, ce qui le pousse à explorer… tout le reste ! En effet, à cet âge-là, ses capacités motrices et cognitives, et l'organisation de sa pensée progressent à toute allure et les découvertes se succèdent. C'est le temps des premières victoires : il apprend à parler, à mieux communiquer, à faire valoir ses opinions et ses désirs de façon plus structurée.

Des règles claires pour aider l'enfant dans ses découvertes

C'est également à cet âge-là que le sentiment « d'efficacité personnelle » prend ses racines. L'enfant a de plus en plus de compétences et prend conscience d'avoir une incidence sur le monde, d'où une sorte de sentiment de toute-puissance. C'est le temps des premiers caprices, des premiers « non », des premières règles transgressées au travers desquelles il va pouvoir s'affirmer. En effet, l'enfant, et c'est paradoxal, a besoin de limites pour se développer harmonieusement. De règles précises, claires et simples, qui lui permettent de se sentir suffisamment confiant pour explorer et appréhender le monde extérieur. C'est la mise en place puis la transgression de ces limites qui détermineront en grande partie sa socialisation future. Éric l'exprime très bien : s'il transgressait les limites, il le faisait en connaissance de cause et connaissait les règles du jeu. Il était responsable de son comportement. Ce qui est important ici, c'est de continuer à rassurer l'enfant sur l'amour qu'on lui porte et lui faire comprendre qu'il a le droit de faire des bêtises, mais qu'il en connaît les conséquences.

Favoriser l'intelligence émotionnelle : quand l'estime de soi passe par la compréhension de l'autre

Jusqu'à 3 ans, l'enfant exprime ses émotions et fait preuve d'empathie : il est sensible aux émotions d'autrui. Il est important de valoriser cette double aptitude, car elle est nécessaire au développement et à la capacité de l'enfant à aller vers l'autre : *« Tu es triste ? Je vais te consoler... »* C'est ce que Daniel Goleman, célèbre psychologue américain, appelle « l'intelligence émotionnelle ». Ce type d'intelligence augmente les compétences relationnelles, ce qui est primordial pour le bien-être individuel et donc l'estime de soi. Les parents doivent donc communiquer leurs propres émotions, dans des termes simples : *« Je suis heureuse que tu sois sage », « Je suis triste quand j'ai l'impression que tu ne m'écoutes pas »*, pour amener l'enfant à formuler les siennes et à comprendre celles des autres.

S'adapter au caractère de l'enfant

Chaque enfant est le produit de son éducation, mais aussi de son caractère naturel. Vouloir le changer à tout prix pour le faire rentrer dans la case « enfant idéal » serait inutile, voire dangereux. Éric le dit bien : de la fratrie, il était bien le turbulent ! Mais il était aussi le plus actif, le plus ouvert et le plus sociable. Que se serait-il passé si ses parents lui avaient donné une éducation très, voire trop sévère ? Aurait-il développé ces mêmes qualités ? Serait-il aussi autonome ? Aurait-il acquis une aussi bonne estime de lui-même ?

Renier la personnalité de l'enfant, c'est lui enlever de la valeur, puisque cela revient à lui dire qu'il serait mieux autrement. C'est la raison pour laquelle les critiques doivent porter sur des comportements précis. Au lieu de crier : *« Tu es vraiment impossible à ne jamais faire ce que je te demande ! »*, il vaut mieux dire : *« Je suis en colère quand je te dis de rester à côté de moi et que tu ne le fais pas, parce que j'ai peur qu'il t'arrive quelque chose. »*

À RETENIR

L'enfant a besoin de règles car elles définissent un code de conduite

Des règles simples et claires permettent à l'enfant de vivre selon les normes sociales, et donc d'être accepté par les autres. C'est un des fondements d'une bonne estime de soi.

L'enfant a besoin d'enfreindre ces règles pour en éprouver les limites

Ce besoin est surtout une façon de s'affirmer, ce qui est nécessaire pour construire une image de soi positive. Mais c'est aussi une façon d'apprendre qu'il est responsable de son comportement et que telle cause entraîne telle conséquence.

L'enfant a besoin de « muscler » son intelligence émotionnelle

Savoir exprimer ses sentiments et comprendre les sentiments des autres est une condition *sine qua non* pour construire des relations épanouissantes avec les autres.

L'enfant a besoin de critiques précises, qui mettent en cause son comportement et non sa personne

Ainsi, il saura quelles actions mettre en place pour progresser et ne se sentira pas dévalorisé.

L'estime de soi de 3 à 6 ans : l'entrée dans le monde social

« Quand un homme a faim, mieux vaut lui apprendre à pêcher que de lui donner un poisson. »

Confucius

Témoignage

« Loïc, mon fils, a presque 4 ans et c'est la fin du monde, chaque matin, quand je le laisse à l'école. Il pleure à me fendre l'âme et je pense que c'est aussi dur pour lui que pour moi !
« Je viens de recommencer à travailler. J'ai eu la chance de pouvoir m'en occuper presque tous les jours depuis qu'il est né. Mon mari et moi avons eu beaucoup de mal à le concevoir et nous avons dû faire une fécondation in vitro. Quand je suis enfin tombée enceinte, j'ai décidé d'arrêter de travailler pendant un moment afin de me consacrer à fond à mon enfant. Évidemment, je suis cataloguée "mère poule" et mon mari m'a déjà dit que je le protégeais trop, qu'il devait apprendre à se débrouiller tout seul… Mais je n'arrive pas vraiment à couper le cordon. C'est vrai, je le sais, mais c'est plus fort que moi ! J'en arrive même à être anxieuse quand je laisse Loïc quelques heures avec son père…
« Je me suis surtout rendu compte de cela quand sa maîtresse m'a dit qu'il restait assez isolé par rapport à ses camarades. Apparemment, il a du mal à aller vers les autres et à jouer avec eux, et les autres enfants ont tendance à le rejeter. Pourtant, c'est un petit qui aime jouer et qui s'intéresse aux autres ! Je le vois bien quand il joue avec sa cousine, qui a à peu près le même âge, et avec qui il n'a aucun problème.

« Je sais que je suis le stéréotype de la "mamma" italienne – d'ailleurs, ma grand-mère était de Naples ! – et que je devrais lui laisser plus d'autonomie. Mais qu'est-ce que ça veut dire "autonomie", pour un gamin de 4 ans ? Et puis, quand je récupère Loïc après la classe, il est si heureux de me voir que j'oublie mes bonnes résolutions. Il me raconte sa journée : en général, il parle surtout de la maîtresse et du goûter, mais rarement de ses camarades. Je lui demande s'il a des copains, mais j'ai l'impression que ça ne l'intéresse pas trop. Et puis il est fatigué après l'école. Il s'endort souvent dans la voiture et, quand on arrive à la maison, on passe à autre chose. C'est comme si l'école n'existait pas.

« Loïc est fils unique, ce qui n'arrange rien. Avec Stéphane, mon mari, nous pensons sérieusement à lui donner un petit frère ou une petite sœur. Je pense que ça changera beaucoup la situation. De mon côté, j'essaierai de ne pas recommencer les mêmes erreurs, même si je suis sûre d'être une bonne mère. Pour moi, mieux vaut trop d'amour que pas assez ! »

Sylvie, 36 ans

Un peu de théorie

À 3 ans, les enfants connaissent ce moment merveilleux mais angoissant : l'entrée dans le monde des « grands », celui de l'école, des cours de récréation et des premiers copains. Quels en sont les effets sur l'estime de soi ?

Autonomie et dépendance

L'autonomie et la débrouillardise démontrent une bonne estime de soi chez l'enfant. L'enfant, entre 3 et 6 ans, est en train d'acquérir des habiletés motrices, cognitives et émotionnelles de plus en plus importantes. Ces aptitudes, qui lui permettent de maîtriser des tâches de plus en plus complexes, lui procurent un sentiment de fierté. L'expérience de la réussite, mais aussi de la défaite, et surtout l'apprentissage à partir des erreurs favorisent l'acquisition d'une bonne estime de soi.

L'enfant qui apprend à devenir autonome ne craint pas de s'affirmer, de prendre des décisions, de relever des défis. Il fait preuve de souplesse dans ses habitudes quotidiennes, car il a un sentiment de sécurité et de contrôle. Il est donc préférable que les parents n'aident pas trop vite l'enfant quand il est en difficulté. De plus, cette aide doit rester circonstancielle, c'est-à-dire qu'elle doit se limiter à un aspect de la tâche, afin que les bénéfices de la victoire reviennent à l'enfant.

La dépendance prolongée : un frein à la construction de l'estime de soi

Cependant, il arrive que certains enfants, comme Loïc, restent très dépendants de leurs parents. Ceux-ci, souvent par souci naturel de protection, ont limité son autonomie. L'enfant pense alors qu'il ne peut pas se débrouiller seul. Une pensée qui induit, à long terme, une faible estime de soi. De la même façon, un environnement trop laxiste, peu stimulant intellectuellement, le pousse à chercher le confort maximal. Il a donc du mal à faire preuve de persévérance dans la résolution de problèmes et possède moins « de sens de l'effort ». Il est moins débrouillard, dépend des autres pour l'exécution des tâches, est souvent frustré et a un faible seuil de tolérance face à des contrariétés.

Cette mauvaise image de soi peut d'ailleurs souvent entraîner des comportements craintifs ou agressifs, rendant les contacts difficiles et diminuant la possibilité d'être fier de soi.

L'entrée dans le monde social ou la multiplication des références

Vers 3 ans, l'enfant entame véritablement son développement social et passe d'un environnement familial à un environnement scolaire. Intervient alors un changement radical : l'école, avec son lot de copains, sa maîtresse, ses rituels, qui font bouger ses repères. D'abord, les parents perdent peu à peu leur statut de référence unique, même si leur avis est encore primordial. Ce long processus de « désacralisation » atteindra d'ailleurs son zénith à l'adolescence. Ensuite, l'enfant va commencer à se comparer. D'abord à lui-même : il va comparer ce qu'il sait faire maintenant à ce qu'il ne savait pas faire hier : *« Maintenant, je sais écrire mon nom ! »*. Cela est plutôt positif, car la comparaison est toujours en sa faveur. Puis, cela va s'étendre aux autres : *« Laure, elle a une belle robe »* va se transformer peu à peu en : *« Laure, elle a une plus belle robe que moi ! »* Ce processus d'évaluation de soi, via celle des autres, culmine aussi à l'adolescence, d'où le mal-être inhérent à cet âge-là : il y a toujours plus fort, plus beau, plus brillant que soi.

La multiplication des règles...

Enfin, ce processus de socialisation va de pair avec l'intégration de nouvelles règles à respecter et de nouveaux comportements à avoir : être généreux, savoir négocier, voire influencer... Bien assimilés, ces modèles de conduite vont aider l'enfant à mieux s'intégrer, ce qui contribuera à augmenter l'estime de soi.

... et les premières situations de compétition

En effet, l'école peut être féroce si l'on y regarde de plus près : il faut être populaire, fort, avoir de bons résultats scolaires... Cela peut mettre beaucoup de pression sur l'enfant. À mesure que le temps passe, l'enfant va déterminer ses points forts et ses points faibles, ce qui motivera son implication dans telle ou telle activité. Par exemple, si pour lui être fort en sport n'est pas important, il vivra mieux son échec dans cette activité et son estime de soi ne s'en trouvera pas trop altérée. Il est alors important que l'adulte valorise les atouts de l'enfant, tout en trouvant des moyens de le motiver pour travailler sur ses faiblesses, afin d'éviter qu'il s'en désintéresse totalement.

À RETENIR

Favoriser l'autonomie de l'enfant, c'est favoriser une image positive de lui-même

L'estime de soi se construit aussi au travers de succès quotidiens. *« À vaincre sans péril, on triomphe sans gloire »* écrivait Corneille dans *Le Cid*. Pour cela, les parents doivent encourager les initiatives de l'enfant, tout en lui laissant, évidemment, le droit de se tromper et de rectifier lui-même ses erreurs.

L'enfant doit intégrer les nouvelles règles

Désormais, l'enfant va devoir obéir à des règles sociales et non plus seulement familiales, règles qu'il devra assimiler afin de mieux s'intégrer. Les parents peuvent jouer le rôle de soutien, en rassurant l'enfant sur sa valeur et en lui expliquant les règles qu'il n'a pas comprises.

L'enfant vit ses premières situations de compétition

Le développement social de l'enfant passe par une vision « pluriréférentielle » du monde : ses parents ne sont plus les seuls repères de son univers. L'enfant va peu à peu se comparer à ses camarades, sur des critères divers tels que la popularité, la beauté, etc., en plus des « seuls » critères scolaires. Il ne faut ni négliger ni minimiser les éventuelles frustrations de l'enfant sur ce sujet, car elles peuvent entamer durablement l'estime de soi.

L'adolescence dans les turbulences de l'estime de soi

« Par définition, l'adolescent, c'est l'être bouleversé, déboussolé par excellence. »

Marc Doré

Témoignage

« Je suis un peu perdu en ce moment. J'ai toujours été proche de ma fille, Léa, qui vient de fêter ses 16 ans. Quand elle était enfant, j'étais son papa chéri, elle ne pouvait pas faire un pas sans moi. Sa mère et moi l'avons eue jeunes, mais nous avons divorcé quand elle avait 12 ans et nous avons pu négocier sa garde alternée. Tout s'est vraiment bien passé et je ne pense pas que la petite en ait trop souffert.

« Mais depuis quelques mois, Léa s'éloigne énormément de moi. Je sais que c'est une ado maintenant, et qu'il faut que j'arrête de la voir comme ma toute petite fille, qu'elle doit avoir des petits copains, mais je lui ai toujours dit qu'elle pouvait me parler de tout et c'est ce qu'elle a toujours fait jusqu'à maintenant.

« J'essaie pourtant de discuter avec elle, mais j'ai l'impression qu'elle ne m'écoute pas. On ne se dispute pas, on a encore de très bons rapports et je dirais beaucoup de complicité, c'est juste qu'on perd de la communication. Elle est toujours fourrée je ne sais où avec sa meilleure amie Alexia, au Mac Do, au ciné, chez ses copains et j'ai de plus en plus de difficultés à me garder des moments avec elle pour des discussions ou des sorties. Heureusement, elle n'a pas trop de difficultés au lycée, donc je n'ai pas

trop à faire la police à ce niveau-là.

« Mais ça me fait un peu mal parce que je me sens souvent idiot par rapport à certaines de ses attitudes, contrairement à avant, où je savais toujours quoi faire. Elle va parfois faire la tête pendant des jours sans que je sache vraiment pourquoi, ou au contraire me faire des câlins soudainement. Le pire, c'est quand elle rentre et que je vois qu'elle a pleuré, puis qu'elle s'enferme dans sa chambre en mettant son panneau : "No entry". Je l'entends taper sur son ordinateur ensuite pendant des heures, c'est à peine si elle mange, mais je ne peux rien faire, puisque d'après elle, je ne comprendrais pas...

« Quand je lis des articles dans la presse sur les jeunes, c'est bizarre parce que je ne reconnais pas vraiment Léa. Évidemment, elle veut des fringues de marque, évidemment, elle passe son temps à mâcher du chewing-gum, à parler maquillage, musique et mecs avec ses copines, ça, je le sais bien. Mais je ne pense pas qu'elle fume, je ne pense pas qu'elle sorte non plus sans que je le sache, ou pire, qu'elle se drogue ! Ça m'inquiète quand même bien sûr, mais je pense que je le verrai vite si ça arrive. C'est toujours ce qu'on se dit n'est-ce pas ? Et puis, j'ai été jeune moi aussi, il n'y a pas si longtemps... »

Grégoire, 39 ans

Un peu de théorie

L'adolescence, une période clé pour l'estime de soi

L'adolescence cristallise toutes les problématiques de l'estime de soi : reconnaissance, appartenance, image de soi, affirmation de son identité. C'est une période de grande fragilité. Trois dimensions sont importantes à cet âge. Elles vont influencer la construction de l'estime de soi de l'adolescent :

son rapport au corps, son rapport à l'autre et enfin, son rapport à soi.

L'adolescent et son rapport au corps

Le « Doc », célèbre intervenant sur une radio, laissait la parole aux ados et répondait à leur mal-être physique ou affectif, en répétant souvent : *« Ce n'est pas grave ! Ton corps change ! »* En effet, à cet âge-là, les bouleversements hormonaux de la puberté compliquent beaucoup l'existence de nos ados, souvent assez embarrassés de leur corps. La perception que les ados ont de leur physique influence grandement leur estime de soi, surtout si celui-ci ne correspond pas, même momentanément, aux canons de beauté actuels (c'est-à-dire assez souvent). Cette transformation est bien sûr intensifiée par un désir d'engagement progressif dans une certaine intimité sexuelle, avec son lot d'illusions, de rejets et de déceptions, qui vont encore nuancer, assombrir ou illuminer au contraire l'image qu'ils ont d'eux-mêmes. En règle générale, on peut cependant dire que le rapport que l'ado entretient avec son corps entraîne une estime de soi très instable, à l'image des transformations qu'il subit.

L'adolescent et son rapport à l'autre

Besoin d'indépendance par rapport à l'autorité et désir d'appartenance à un groupe : c'est le grand paradoxe de l'ado. D'un côté, il rejette toute forme d'autorité, qu'il considère comme une entrave à sa liberté (cadre scolaire, parents). Il peut même imiter des « contre-modèles » transgressifs, qui le pousseront à adopter certains comportements « à risques ». D'un autre côté, il éprouve le besoin d'avoir une vie sociale intense, avec des personnes « qui le comprennent », comme le déplore le père de Léa, avec lesquelles il va pouvoir partager ses nouvelles expériences.

Cette identification à un groupe d'amis, plus encore que la rébellion face à l'autorité (même si les deux vont souvent de pair), est une des clés de l'estime de soi à cet âge-là. D'ailleurs, les jeunes n'ayant aucun ami ont souvent une image d'eux-mêmes plus mauvaise que les autres plus intégrés. Ils se réfugient alors dans une citadelle (informatique, virtuel, imagination, solitude) et se retrouvent moins aptes à vivre en société, ce qui n'arrange guère leur estime de soi déjà malmenée.

L'adolescent et son rapport à soi

L'adolescent, alors même qu'il nage dans l'instabilité, doit faire des choix cruciaux, comme celui de ses études, qui, la plupart du temps, déterminent une bonne partie de sa vie. C'est également à ce moment-là que ses valeurs, ses croyances deviennent, au contraire, assez stables (par exemple : *« C'est en travaillant à l'école que j'obtiendrai le meilleur travail »* ou *« Je dois à tout prix être indépendant financièrement pour que mes parents ne s'inquiètent pas »*). Ces valeurs et ces croyances vont, au fur et à mesure, former les traits de personnalité du futur adulte et lui donner son « plan de vie ». L'estime de soi est ici primordiale, puisque l'adolescent va évoluer en grande partie en fonction de la valeur qu'il se donne (ou qu'on lui donne) : il entamera peut-être des études longues si ce sont les attentes de ses parents. Au contraire, il pourra ne pas les écouter et faire des études qui lui plaisent mais qui n'ont pas la bénédiction parentale s'il a une bonne confiance en lui. Enfin, s'il a une image de lui-même détériorée, il aura tendance à suivre les conseils d'amis, de sa famille ou même du conseiller d'orientation, même si ceux-ci ne lui correspondent pas.

À RETENIR

L'estime de soi de l'ado est instable

Évoluant au gré des changements, nombreux à cette période, l'estime de soi de l'adolescent est particulièrement fragile. Les parents doivent prendre en compte ce facteur afin de ne pas aggraver la situation.

La rébellion est une constante car elle permet à l'adolescent d'affirmer son identité

Cette rébellion peut être du type révolutionnaire ou, au contraire, assez douce, cependant elle est nécessaire. Mais attention, comme pour les enfants, les ados ont besoin de se rebeller dans un cadre bien structuré pour, paradoxalement, se sentir en confiance et faire les bons choix au final. Être trop permissif ne leur rend pas plus service qu'être trop autoritaire. Les parents doivent résister en attendant que ça passe…

L'amitié est la valeur phare de cet âge de la vie

L'adolescent est un être grégaire : il vit en troupeau ! Le groupe a une importance extrême pour lui et contribue fortement à la constitution de son estime de soi. Un ado sans aucun ami est souvent en difficulté.

Quand l'estime de soi se confronte à la réalité

« La fatalité, c'est l'excuse des âmes sans volonté. »

Romain Rolland

Témoignage

« J'ai toujours eu une assez bonne confiance en moi. J'étais populaire à l'école. Après mon bac, mes parents étant commerçants, je ne me suis pas posé de questions et c'est tout naturellement que je me suis dirigé vers des études de commerce. Mes résultats scolaires n'étaient pas mirobolants, mais j'avais du bagout.

« Mes études terminées, j'ai galéré un moment, puis j'ai été embauché comme commercial dans une entreprise qui vendait des photocopieurs. J'y ai travaillé 2 ans, sous pression. J'avais beaucoup de difficultés à atteindre mes objectifs de vente. J'avais beau me démener comme un diable, rien n'y faisait. À l'époque, je pensais que l'on m'avait donné un mauvais secteur, que les produits n'étaient pas bons, ou que les techniciens faisaient mal leur boulot. J'ai fini par partir avant de me faire virer, mon honneur était en jeu !

« Ensuite, comme j'ai toujours été passionné de bandes dessinées, je me suis dit que ce serait une bonne idée d'ouvrir un magasin spécialisé dans les BD. Bon, j'avoue, personne n'était très chaud pour mon projet, surtout ma copine, qui me disait qu'il n'y avait pas assez de demandes dans la petite ville de province où nous habitions (Besançon à l'époque) et que

les jeunes préféraient s'acheter des Nike plutôt que des bouquins. Mais j'ai fini par la convaincre. J'ai alors emprunté de l'argent autour de moi, à mes parents, à mon frère aîné, aux parents de ma copine, pour ouvrir mon "BD shop". Comme j'avais un bon apport personnel, le prêt a été facile à obtenir, je me suis dit que c'était bon signe ! J'ai donc ouvert mon magasin, en faisant le maximum de publicité. Après six mois d'exploitation, mon activité ne décollait toujours pas. Mais j'y croyais, c'était presque une croisade : il fallait que les jeunes se mettent à lire des BD ! Je me suis mis à ouvrir 7 jours sur 7 et quasiment 24 h sur 24 !

« J'ai fait faillite au bout de 9 mois. J'ai eu du mal à m'en remettre. Mais je me suis dit que finalement, je n'étais peut-être pas fait pour la vente. Un bilan de compétences me l'a confirmé : maintenant, je suis médiateur social dans une banlieue difficile de Grenoble, j'utilise mon bagout pour autre chose ! Mais je me demande toujours pourquoi, après deux échecs, je me suis entêté à aller dans une voie qui ne me correspondait pas. »

Vincent, 33 ans

Un peu de théorie

Qu'est-ce qu'une dissonance cognitive ?

L'homme est pétri de croyances. Ces croyances sont ce que l'on appelle des cognitions (des pensées, opinions) sur ses capacités, ses compétences, sa moralité, etc. Elles vont dicter son comportement et vont, aussi, l'aider à interpréter un événement extérieur. C'est bien connu, chacun a sa propre réalité (un seul exemple : pensez-vous que celui qui fait la grève a les mêmes pensées que celui qui la subit ? Et pourtant, c'est la même grève…). Une dissonance cognitive advient quand un élément cognitif (c'est-à-dire un élément qui vient à notre connaissance, comme un de nos comportements ou un événement) est en opposition avec une ou plusieurs de nos croyances. Cette dissonance, cette incohérence, provoque une sorte de tension chez l'être humain, qui cherche alors à l'éliminer.

Comment réagit-on quand les événements vont à l'encontre de ce que l'on croit ?

Quand on lit le témoignage de Vincent, on s'aperçoit qu'il a vécu l'expérience d'une dissonance cognitive importante : il avait du « bagout », il a réussi ses études de commerce, il travaillait beaucoup, mais il était incapable de remplir ses objectifs. Comment a-t-il réagi et comment aurait-il pu réagir autrement ?

Plusieurs stratégies sont possibles. Soit on peut ajouter un « élément consonant » (c'est-à-dire une excuse dans le langage courant !), comme le fait Vincent : dire que c'est la faute des autres ou du système. Soit on peut minimiser l'importance de ce qui arrive, c'est-à-dire changer son attitude, son avis sur la question. Vincent aurait pu se dire : *« Bon, ce n'est pas grave, au pire, je prendrai un autre boulot. »* On cite souvent l'exemple du fumeur qui, sachant que fumer est nocif, dit : *« Faut bien mourir de quelque chose ! »* Enfin, l'ultime stratégie aurait été de changer son comportement, c'est-à-dire se remettre en cause. Cette dernière stratégie est d'autant plus difficile à prendre quand on s'est beaucoup investi, car c'est remettre en cause une bonne partie de son existence ! On finit souvent par prendre cette option quand on n'a plus d'autres choix, comme Vincent après l'échec de sa boutique.

Quel est le lien entre l'estime de soi et ce phénomène de dissonance cognitive ?

Imaginons un étudiant jouissant d'une haute estime de soi, qui se retrouve recalé à un examen. Dissonance cognitive : l'élève qui pense être brillant a échoué. Quelle peut être sa réaction ? Il est probable, pour protéger ses croyances (*« Je suis capable de réussir mes études. »*), qu'il se dira : *« De toute façon, le sujet était vraiment trop dur »* ou alors *« Je me suis fait saquer par ma prof »*. Comme se dire qu'il n'a pas assez travaillé ou qu'il n'a pas les capacités suffisantes est trop dangereux pour son estime de soi, il préférera, dans un premier temps du moins, trouver une cause externe à son échec.

Les personnes avec une haute estime de soi ont moins tendance à se remettre en cause que ceux dont l'estime de soi est plus basse. Cela peut être un plus dans certains cas, car ils sont plus persévérants, mais cela peut aussi passer pour de l'obstination, voire quelquefois pour de la suffisance ou de la vanité.

Prenons la situation inverse. Imaginons maintenant un autre étudiant, avec une estime de soi beaucoup plus modeste, qui réussit à cet examen. Quelle peut être sa réaction ? Eh bien, il peut faire la même chose, c'est-à-dire « protéger » son estime de soi, dans un souci de cohérence avec la vision qu'il a de lui-même. Ainsi, il peut se dire : *« L'examen était facile »*, ou *« J'ai eu beaucoup de chance »*.

Entre la haute estime de soi (nous persévérons alors que tous les éléments nous prouvent que nous avons tort) et la basse estime de soi (nous ne reconnaissons pas nos mérites et nous nous dévalorisons), il y a la bonne estime de soi. Celle qui, au vu des faits, pousse l'individu à changer son comportement, sans pour autant se remettre totalement en cause, et celle qui lui permet aussi de profiter pleinement et d'être fier de sa réussite.

À RETENIR

Une dissonance cognitive est la présence simultanée d'éléments contradictoires dans notre pensée

Cette contradiction est souvent le fait d'une opposition entre une croyance et un comportement qui ne lui correspond pas. Cela provoque alors une tension, que nous cherchons automatiquement à réduire.

L'un des moyens de réduire cette tension est la rationalisation d'un des éléments

On va alors minimiser l'événement ou trouver une excuse pour l'expliquer de façon « rationnelle ». En dernier lieu, on peut aussi changer de comportement, bien que cette solution soit plus difficile à choisir, en fonction des moyens investis et de l'importance donnée à ses croyances.

La dissonance cognitive est un danger pour l'estime de soi

Nous allons donc choisir, si possible, la stratégie de rationalisation la moins menaçante pour notre intégrité. Cependant, on peut remarquer que les personnes ayant une faible estime de soi sont plus enclines à se remettre en cause que les autres.

(Anti)conformisme et estime de soi

« Les gens ont quelque chose en commun : ils sont tous différents. »

Robert Zend

Témoignage

« Je me rappelle de ma jeunesse comme si c'était hier. En mai 68, j'avais tout juste 18 ans. Je me rappelle qu'à l'époque, ce que je ne voulais surtout pas, c'était être comme mes parents ! Ils étaient quincailliers (eh oui, à l'époque, il y en avait encore) et pour moi, cela équivalait à passer son temps à converser avec Madame Augier qui venait toutes les semaines discuter son bout de gras, ou avec un autre petit vieux qui habitait dans le coin. Ils se ressemblaient tous, avec leur pardessus et leur petit chien. Je me disais que c'était ça la vieille France et je ne voulais surtout pas terminer comme ça. Nous, la jeune génération, nous voulions prouver que nous existions et que tout allait changer ! Peu après, il y a eu Woodstock, puis la "libération des mœurs", John Lennon et une extraordinaire effervescence…

« Et puis, j'ai repris mes études et j'ai fait une faculté de lettres. J'ai rencontré Isabelle, ma future femme, lors d'une assemblée étudiante. Ensuite, je suis devenu professeur de français et de latin dans un collège du quatrième arrondissement de Paris. Nous avons eu trois enfants. Mes idéaux étaient toujours les mêmes, mais il fallait bien vivre et donc gagner de l'argent. J'allais au travail la semaine, le week-end, on partait quelque

part avec Isabelle et les enfants, chez mes parents, chez les siens, chez des amis, à la plage... Et finalement, je m'aperçois que j'ai eu une vie assez rangée ! Évidemment, je lis Télérama, je vais voir des expos, je donne de l'argent à la Croix-Rouge... Mais je suis assez objectif et je sais bien que mes idéaux et la réalité sont devenus bien différents. À 20 ans, je voulais changer le monde. À 40, je me disputais avec mes enfants, alors adolescents eux-mêmes, qui voulaient à leur tour changer le monde et qui me prenaient pour un vieux schnock... Ça fait réfléchir !

« Et à 60 ans, je suis finalement serein... Je ne sais pas si le monde a changé, mais bon, j'ai essayé d'y contribuer, même si forcément, en vieillissant, on a d'autres valeurs. Et je vois bien que je commence à ressembler aux petits vieux dont je me moquais il y a 40 ans ! Je connais bien les commerçants de mon quartier, j'ai mes petites habitudes, mon petit circuit du dimanche. J'essaie de me tenir toujours au fait des actualités, des tendances, mais malgré mes efforts, je crois que je commence à être un peu dépassé ! Et sincèrement, je m'en moque un peu... »

Henri, 60 ans

Un peu de théorie

Le besoin d'exister : la reconnaissance positive ou négative

L'estime de soi vient du fait d'être reconnu par les autres. Sans le regard des autres, il n'y a pas d'estime de soi, mais seulement le néant, car le jugement des autres est nécessaire pour pouvoir se juger soi-même.

Cependant, si une personne se sent ignorée et ne reçoit pas la reconnaissance qu'elle estime mériter, elle cherchera à se distinguer par des comportements entraînant une reconnaissance négative, le plus important étant d'affirmer son existence. Par exemple, un enfant préférera toujours une attention même négative que pas d'attention du tout. Lorsque l'enfant se comporte bien, il n'y a pas de problème, mais pas d'attention particulière de la part des parents. Lorsque l'enfant se comporte mal, les parents focalisent alors leur attention sur lui et passent beaucoup plus de temps avec lui pour corriger son comportement. Inconsciemment, l'enfant aura alors naturellement tendance à la provocation, surtout lorsque l'attention positive et affective des parents est insuffisante. Même l'artiste qui fait des « performances » (comme celui qui exposait ses déjections) et qui dit se moquer de l'avis des autres provoque par là même une réaction, et qui représente sa récompense. Comme le disait Adam Smith : *« Être oublié par les hommes ou en être désapprouvé sont deux choses bien différentes »*.

La reconnaissance de distinction

Après l'enfance, nous nous concentrons sur une autre forme de reconnaissance, surtout au début de la vie adulte, la reconnaissance de distinction. Nous voulons, en général, nous distinguer des autres et surtout de nos parents, comme le souligne très bien Henri. Cette phase de rébellion commence à l'adolescence. Elle s'exprime par des comportements transgressifs qui enfreignent les normes sociales ou parentales.

Plus tard, nous cherchons toujours à nous distinguer, mais sous une forme plus « institutionnelle », celle de la compétition ou de l'amour. En effet, nous ressentons le besoin de nous distinguer de nos collègues pour obtenir une promotion ou celui de sortir du lot pour attirer la belle blonde (ou le beau brun) que nous avons remarquée. Et le fait de réussir à nous différencier des autres est alors bon pour notre estime de soi.

La reconnaissance de conformité

La reconnaissance de conformité est évidemment opposée à la reconnaissance de distinction. C'est celle-ci qui nous fait ressentir le besoin d'être semblables aux autres, de faire partie d'un groupe d'appartenance, ce qui est également bénéfique à l'estime de soi. Une fois reconnus, nous faisons alors tout pour respecter les codes, les us et les coutumes, et pour avoir les mêmes références que le cercle dans lequel nous sommes. Notre estime de soi se nourrit alors de cette conformité aux règles.

Ce besoin de conformité serait, d'après les spécialistes, plus important chez les adultes d'âge mûr, pour lesquels il est crucial d'appartenir à une communauté, plutôt que de prouver que l'on est différent, surtout si l'on fait partie d'un groupe soudé et reconnu : une association caritative, le syndicat local, le « Top 100 » des hommes les plus riches de France, etc.

Conformité ou distinction… même combat ?

Au final, même si, en théorie, la différence est bien claire, en réalité, elle ne l'est pas tant que ça. Quand nous voulons entrer dans une boîte « select », il est évident que nous voulons non seulement être différents de tous ceux qui n'y ont pas accès, mais aussi et surtout pouvoir nous introduire dans un autre cercle, certes plus prestigieux à nos yeux, celui des VIP.

Ces deux formes de reconnaissance nourrissent pareillement l'estime de soi, même si leurs ressorts psychologiques sont différents. Autant l'une exacerbe la compétition, et donc les conflits, autant l'autre prône plutôt l'ordre social. Mais les deux, opposées, sont finalement complémentaires, dans la capacité de nous motiver pour en jouir.

À RETENIR

Sentir dans le regard des autres que l'on existe

C'est la première étape de l'estime de soi et le préalable indispensable à toute reconnaissance sociale.

Reconnaissance positive et négative

Si l'entourage (ou la société) nous manque de considération (en d'autres termes, si nous nous sentons négligés ou transparents), alors nous pouvons tenter de provoquer une reconnaissance négative, qui est préférable à pas de reconnaissance du tout.

Être différent des autres...

C'est un besoin surtout présent chez le jeune adulte, qui, à travers des situations de compétition, cherchera à se différencier des autres pour affirmer son identité et nourrir son estime de soi.

Tout en étant semblable à eux

La reconnaissance de conformité s'explique par le besoin de faire partie d'une communauté et de s'identifier à ses valeurs, ses codes, ses modèles, ce qui renforce son estime de soi. C'est un besoin très fort, qui représente finalement le ciment de toute société.

Estime de soi et résilience

« Tout ce qui ne me tue pas me rend plus fort. »

Nietzsche

Témoignage

« Je travaille depuis 3 ans dans une association qui soutient les femmes en difficulté, principalement les femmes battues, du côté de Bordeaux. Depuis le début de l'année dernière, j'étais intrigué par une fille, qui venait toutes les semaines pour coiffer gratuitement les filles de l'association. Je l'ai invitée à boire un verre et on a vite sympathisé.

« J'ai appris à la connaître peu à peu. Son histoire n'était pas facile. Sancia venait du Portugal et était arrivée en France à l'âge de 15 ans avec ses parents et ses deux sœurs. Un soir, à Paris, elle s'était fait violemment agresser et violer par un jeune d'un quartier voisin, qu'elle avait déjà vu plusieurs fois traîner vers chez elle. Heureusement, sa famille l'avait soutenue dans son épreuve et avait même porté plainte. Peu après, la police avait retrouvé son agresseur qui avait tout avoué et après plusieurs mois de procédure, il s'était retrouvé en prison.

« Je connais évidemment plein d'autres personnes qui ont vécu le même drame, mais qui n'ont jamais porté plainte. Je lui ai alors demandé comment elle avait eu la force de le faire. Elle m'a répondu : "Si après ça, je ne reprenais pas le contrôle de ma vie, alors j'étais foutue. J'avais des projets et je me suis dit qu'il était hors de question que ça m'empêche de les réaliser." Ça m'a vraiment "scotché" et j'ai compris qu'elle ne voulait pas se voir comme une victime du destin, ce qui aurait été amplement excusable vu les circonstances. Elle avait subi un outrage, mais elle s'est

dit que même si elle ne pouvait pas revenir en arrière, elle pouvait en revanche aller de l'avant.
« Pour elle, cela avait contribué, presque, à ce qu'elle était maintenant : elle se sentait plus forte, voire mieux armée pour affronter la vie, même si évidemment elle en avait souffert pendant des années et en souffrait encore, physiquement et psychologiquement. Suite à cela, ses parents avaient quand même déménagé à Bordeaux. Elle avait fait des études pour travailler dans les ressources humaines, avait eu son diplôme et avait été engagée par la mairie. Elle prenait même des cours de self-défense et ne voulait surtout pas rester enfermée chez elle le soir, de peur de se faire agresser à nouveau. Et elle faisait maintenant partie de l'association pour aider les autres filles à s'en sortir.
« Quand elle m'a raconté son histoire, j'ai trouvé ça fou parce qu'à la voir, on n'aurait jamais imaginé qu'elle avait vécu une telle affaire. Elle était naturelle, ouverte, souriante, rigolote. Évidemment, nul besoin de vous dire que je suis très vite tombé amoureux d'elle. Depuis, nous ne nous sommes pas quittés… »

Jean, 35 ans

Un peu de théorie

Résilience et estime de soi, deux concepts très liés

D'un côté, la résilience est la capacité d'un individu à rebondir, à se construire, à poursuivre un développement normal malgré des conditions difficiles, à retrouver une existence positive malgré un traumatisme psychique. D'un autre côté, l'estime de soi est la façon dont un individu se juge, positivement ou négativement. Il est évident que les deux concepts sont connexes, dans la mesure où quelqu'un ayant une bonne estime de soi fera aussi preuve d'une meilleure résilience, c'est-à-dire une faculté plus grande pour faire face et pour surmonter un traumatisme. Évidemment, le témoignage de Jean décrit un cas extrême, que l'on peut même qualifier d'exemplaire. Mais au quotidien, la résilience s'applique pour surmonter les déceptions, les licenciements, les ruptures et autres épreuves de la vie. Un individu aura plus de chance d'être résilient s'il réunit certaines conditions, propres à sa personne, à sa façon de penser. Une bonne estime de soi est une de ces conditions, puisqu'elle empêchera de sombrer (durablement) dans un sentiment de pessimisme, voire de fatalisme, qui ne manque de faire son apparition dans les moments durs.

Le sentiment de contrôle

Premièrement, une bonne estime de soi est toujours soutenue par ce que l'on appelle un certain sentiment de contrôle. C'est le fait de croire que, grâce à nos capacités et nos actions, nous pouvons agir, au moins en partie, sur ce qui nous arrive, et que tout n'est pas sous le contrôle d'éléments extérieurs. Une personne n'ayant pas ce sentiment de contrôle se laissera plus facilement aller au fatalisme puisqu'elle pensera que tout ce qui lui arrive, que ce soit positif ou négatif, n'est pas de sa faute, mais plutôt des circonstances de la vie, de la chance ou de la malchance. Si c'est le cas, alors pourquoi agirait-elle pour changer un destin déjà tracé ? Évidemment, dans notre témoignage, la jeune femme, Sancia, n'est pas à l'origine de son agression et n'a aucun contrôle dessus mais elle considère, en revanche, avoir le contrôle sur la suite qu'elle veut donner aux événements.

L'autoefficacité

Ensuite, une bonne estime de soi est, en général, épaulée par un bon sentiment d'autoefficacité. L'autoefficacité est la croyance en ses capacités à mobiliser les ressources nécessaires pour maîtriser certaines situations et réussir. Dans les cas d'estime de soi défaillante, la personne souvent se sous-estime et évalue mal ses possibilités ou ses compétences : elle finit par se limiter elle-même. Comment alors se relever et reprendre pied si on n'a pas conscience de ses capacités ?

Le sens de la cohérence

Une bonne estime de soi aide aussi à avoir un sens de la cohérence solide. Ce concept explique qu'un individu cohérent perçoit les événements extérieurs comme compréhensibles, c'est-à-dire structurés, explicables et significatifs, en bref chargés de sens pour lui. Une fois la situation comprise, l'acceptation et donc l'action deviennent plus faciles. Ce n'est pas tout le temps évident et cela peut prendre du temps pour donner du sens à une épreuve. Dans le cas de Sancia, par exemple, cette dernière semble considérer que cette épreuve l'a rendue plus forte et a contribué à ce qu'elle aide ensuite d'autres femmes. Dans ces cas-là, la cohérence apparaît après avoir « réparé » la situation, mais elle contribue à la résilience. Plus couramment, c'est par exemple, en cas de rupture amoureuse, le fait d'intégrer les reproches de son ex, d'accepter ceux qui sont vrais pour, peut-être, changer de comportement avec le prochain…

Évidemment, d'autres facteurs vont maintenir ou favoriser l'estime de soi et donc la résilience en cas d'épreuve : le soutien social (famille, amis, mais cela peut aussi être une seule personne en qui nous avons confiance et qui nous redonne confiance) en est l'un des plus importants pour se reconstruire.

À RETENIR

L'estime de soi est un facteur majeur dans le phénomène de résilience

Une bonne estime de soi aide à se relever plus facilement d'une mauvaise situation et à ne pas céder au désespoir et à la fatalité.

Plusieurs processus psychologiques, à la base de la conception d'une bonne estime de soi, favorisent donc la résilience

Le sentiment de contrôler ses actions, celui de pouvoir mobiliser toutes ses ressources en vue d'un objectif, et enfin le sentiment de comprendre le sens des épreuves que l'on traverse sont de grands atouts pour les surmonter. Évidemment, tout cela n'empêche pas d'être triste, démotivé ou en colère, mais aide à reprendre sa vie en main, une fois que la période de « deuil » est passée.

Le soutien de ses proches est également indispensable pour se reconstruire

Pouvoir être consolé, compris, soutenu et regardé de façon positive par d'autres personnes crée un climat propice et favorable à la résilience. Même dans les épreuves les plus difficiles, on peut préserver son estime de soi.

Le syndrome de la victime

« Gémir sur un malheur passé, c'est le meilleur moyen d'en attirer un autre. »

William Shakespeare

Témoignage

« Ma femme, Blanche, est trop gentille avec tout le monde. Elle a toujours été discrète, effacée, très introvertie. Moi, cela ne m'a jamais dérangé, parce que je suis quelqu'un qui aime le calme : depuis plusieurs années, je suis victime d'acouphènes bilatéraux qui me fatiguent énormément et je ne supporte pas le bruit. Heureusement, je n'ai pas d'enfant, mais je suis obligé d'imposer plus ou moins le silence à la maison.

« Blanche travaille dans une association qui s'occupe d'enfants défavorisés, comme secrétaire. Elle ne s'est jamais plainte de son travail, qui lui plaît, sauf depuis quelques mois, où elle n'arrête pas de m'en parler pour se lamenter. Apparemment, une nouvelle fille est arrivée, une prof de français, qui l'a prise en grippe, va savoir pourquoi, et qui lui en fait voir de toutes les couleurs. Elle a commencé par ne pas lui dire bonjour le matin. Blanche, évidemment, n'a rien dit, même si elle en a été blessée, mais elle ne voulait pas faire d'esclandre pour quelque chose qu'elle considérait comme futile. Ensuite, elle a su que cette fille, Élodie, l'appelait madame la Sainte-Nitouche. Une fois même, elle s'est moquée ouvertement de ma femme, devant les autres ! Personne n'est intervenu pour la défendre en plus, ce qui m'énerve au plus haut point.

« Blanche m'en parle tous les jours et j'ai beau l'écouter et lui dire de se défendre, j'ai l'impression que ça rentre par une oreille et que ça ressort

par l'autre ! Mais je crois bien que cette fille va de plus en plus loin, tout ça parce que Blanche ne sait pas se défendre. Il faut dire que face à un démon comme ça, c'est difficile pour elle de réagir, elle n'a jamais eu à vivre ce genre de choses. La dernière fois, elle a quand même essayé de lui parler mais a dû mal s'y prendre… l'autre s'est débinée en lui disant : "Je ne vois pas ce que vous voulez dire madame, et je n'ai pas le temps de vous parler. Il y a des gens qui ont un travail, si vous voyez ce que je veux dire." Cette fille n'a aucun lien hiérarchique avec ma femme, mais va quand même arriver à la pousser à bout ! Je ne comprends pas comment c'est possible. La semaine dernière, je lui ai dit que si ça continuait comme ça, j'allais passer à l'association pour parler à cette fille. Blanche m'a supplié de ne pas le faire… Je ne peux rien faire.

« Enfin, heureusement que je suis là le soir, parce que sinon, je ne sais pas si Blanche tiendrait le coup. La dernière fois, je me suis quand même énervé, je n'ai pas pu faire autrement, j'étais fatigué et je lui ai dit que si elle ne faisait rien, elle méritait bien ce qui lui arrivait… Je regrette de lui avoir dit ça, mais que puis-je lui dire maintenant ? »

Patrice, 41 ans

Un peu de théorie

Le triangle dramatique de Karpman

Le triangle dramatique est un concept issu de ce que l'on appelle l'analyse transactionnelle, une théorie sur la personnalité et la communication créée par Éric Berne dans les années 50 à 70. Un jeu psychologique définit une relation involontaire (au niveau conscient), répétitive (souvent dans les mêmes circonstances et avec les mêmes personnes) qui semble uniquement de la faute de l'autre et qui induit des sentiments et des émotions désagréables ressentis par les « joueurs ». Le triangle dramatique est un « jeu psychologique » composé d'un sauveur, d'un bourreau et d'une victime. Le bourreau est, en général, en soif de reconnaissance, de pouvoir ou de valorisation. Il est, la plupart du temps, autoritaire, voire despotique, et utilise divers moyens (moqueries, humiliations, agressions) pour nuire à sa victime. Il s'attaque rarement à plus fort que lui.

La victime, elle, n'est évidemment pas responsable de sa relation avec le bourreau. Elle souffre de cette relation toxique mais pour une quelconque raison, ne réagit pas aux brimades, car elle y trouve un certain intérêt (les « bénéfices secondaires »). Par exemple, ici, Blanche peut ainsi renouer la communication avec son mari et passer du temps à lui parler de son travail.

Le sauveur, lui, est extérieur à la relation, en apparence seulement, car il conforte aussi la victime dans son statut de victime, en la consolant, l'écoutant, mais en n'agissant pas, ou mal. Il peut aussi se révéler bourreau quand la relation d'aide devient stérile (comme Patrice qui finit par culpabiliser sa femme)...

Nous tous, passons régulièrement d'un rôle à l'autre, notamment lors des petits accrochages avec nos proches ou collègues. Par exemple, prenons un triangle comprenant la mère et ses deux enfants, Sophie et Nicolas. La fille (Victime) va voir sa mère (Sauveur) en pleurant et lui dit : *« Nicolas* (Bourreau) *m'a tiré les cheveux. »* La mère (Bourreau) gronde alors Nicolas (Victime) et le punit. Sophie (Sauveur) va alors voir sa mère et lui demande de lever la punition pour que Nicolas puisse jouer avec elle... Ce triangle est applicable à beaucoup de situations de la vie courante.

Mais il arrive, par exemple dans le cas de Blanche, que cela se prolonge. Dans ce cas-là, le triangle devient très destructeur, en particulier pour la victime.

Et l'estime de soi dans tout cela ?

Il est évident qu'une personne à faible estime de soi rentrera plus facilement dans le jeu en tant que victime et en attirant ainsi un bourreau, comme on le voit avec Blanche, une personne assez faible, discrète, introvertie. La relation triangulaire peut alors prendre place. La victime ne réagit pas au harcèlement de son bourreau, qui va donc de plus en plus loin. Elle demande alors une attention grandissante à son sauveur, mais ne va pas réagir directement, souvent pour ne pas envenimer la situation, ou à cause de la peur tout simplement (peur de perdre son travail, de réagir). Elle manque de recul sur la situation et finit parfois même par se demander si elle ne mérite pas ce traitement.

Une personne qui a une faible estime de soi a souvent du mal à mobiliser ses ressources pour faire cesser le jeu, soit parce qu'elle n'a pas conscience des moyens qu'elle a à son actif (répondre sur le même ton, attaquer ou tout simplement s'affirmer), soit parce qu'elle a peur des conséquences, qu'elle imagine dévastatrices.

Cependant, le bourreau n'a pas une estime de soi en bien meilleur état que celle de la victime, bien qu'elle l'exprime autrement. Les deux partagent une problématique commune d'estime de soi. Ils se sentent démunis face aux conflits, dans la mesure où ils ne savent pas adapter leur comportement pour les faire cesser. Ils adoptent alors le comportement de la violence ou de la soumission, ainsi qu'une égale difficulté à gérer leur agressivité : l'un en a trop, alors que l'autre n'en a pas assez. Le sauveur, lui, a un rôle annexe, mais important : en écoutant la victime mais en ne pouvant agir, il finit par isoler la victime dans son rôle.

À RETENIR

Le triangle de Karpman, un jeu psychologique courant

Le triangle de Karpman, ou triangle dramatique, définit une relation triangulaire entre un sauveur, une victime et un bourreau, auquel nous sommes tous confrontés dans un cadre conflictuel. Une fois rentrés dans le jeu, nous passons d'un rôle à l'autre, il est alors difficile d'en sortir jusqu'à la fin du conflit.

Une basse estime de soi prédispose au rôle de la victime

Comme la victime se sent peu assurée et surtout incapable de répondre aux provocations du bourreau, cela confirme son peu de valeur aux yeux du bourreau (et à ses propres yeux), qui continue alors de la harceler. La victime va alors chercher du réconfort auprès de son sauveur, qui, en n'agissant pas ou mal, ne fait qu'aggraver la situation… et peut devenir bourreau à son tour.

Hyperdépendance et estime de soi

« Le vrai bonheur ne dépend d'aucun être, d'aucun objet extérieur. Il ne dépend que de nous. »

Le Dalaï-Lama

Témoignage

« Je suis sorti pendant plusieurs années avec Béatrice, une jeune femme vraiment charmante. Nous nous étions rencontrés lors d'un réveillon de jour de l'an chez des amis communs. Quand je l'ai abordée, elle a paru surprise, voire un peu craintive, mais elle m'a tout de suite beaucoup plu : elle paraissait si fragile ! On a commencé à se fréquenter plus assidûment et très rapidement nous sommes devenus ce que l'on peut appeler un couple très fusionnel… Elle a emménagé chez moi assez vite (elle habitait toujours chez ses parents) et s'est très vite intégrée à ma famille et à mon groupe d'amis. Elle a aussi quitté son travail, qui était pourtant intéressant et plutôt bien payé, pour en trouver un plus proche de chez nous.

« Au fur et à mesure que le temps passait, je me suis aperçu qu'elle se reposait sur moi pour tout : je choisissais le lieu où on allait passer nos vacances, le film qu'on louait… Même quand on allait au restaurant, elle prenait toujours la même chose que moi ! Si je lui demandais son avis, c'était toujours : "Comme tu veux toi." J'avais l'impression qu'elle ne pouvait rien faire toute seule ! Ou pire, qu'elle n'avait pas d'opinion propre… le dernier qui parlait avait toujours raison, elle se débrouillait toujours pour être d'accord avec tout le monde. Ma meilleure amie, prof

d'histoire et féministe dans l'âme, avait du mal à la supporter : elle me disait que Béatrice aurait dû vivre au XVIe siècle, du temps où les femmes étaient soumises aux hommes…

« À la longue, j'ai fini par la trouver trop étouffante. Elle me sollicitait pour n'importe quelle décision, me demandait mon avis pour tout. Quand je partais faire des séminaires, je craignais de la laisser toute seule parce que je savais qu'elle déprimait assez vite. Je savais d'ailleurs que dans ces cas-là, elle allait en général dormir chez une de ses amies, ou alors même chez ses parents, que je trouvais moi-même assez envahissants. Et plus je lui disais qu'il fallait qu'elle devienne plus indépendante, plus elle paraissait s'accrocher à moi.

« J'ai fini par rompre. Je n'en pouvais plus, j'avais besoin de prendre l'air ! Je me sentais coupable de la quitter : elle avait sacrifié tellement de choses pour moi ! Mais je ne pouvais simplement plus être celui qui pourvoyait à tous ses besoins. Elle est retournée chez ses parents. Récemment, j'ai appris qu'elle s'était mariée avec un homme de plus de 20 ans son aîné, qu'elle venait d'avoir un fils et qu'elle avait arrêté de travailler. Finalement, je pense que c'était la vie qu'elle souhaitait… »

François, 37 ans

Un peu de théorie

La dépendance aux autres : un phénomène naturel et culturel

Évidemment, nous sommes tous interdépendants : chacun a besoin des autres pour pouvoir vivre, voire survivre. Le bébé laissé sans soins meurt : sa survie dépend du bon vouloir de ses parents. Ceci est naturel et nul ne peut le remettre en cause.

Certaines cultures, la nôtre comprise, ont aussi favorisé une certaine dépendance, voire une certaine soumission. Toutes les sociétés patriarcales ont, par exemple, cherché à infantiliser la femme… Celle-ci a longtemps été (et l'est parfois encore !) complètement dépendante de ses parents ou de son mari : souvenons-nous qu'il n'y a pas si longtemps en France, une femme ne pouvait travailler ou ouvrir un compte sans l'accord de son père ou de son mari…

Mis à part ces considérations biologiques et culturelles, il s'avère cependant que certaines personnes, par un déficit certain d'estime de soi, n'ont pas su affirmer leur autonomie et sont encore, à l'âge adulte, en état de dépendance exacerbée.

Les personnes trop dépendantes : un problème souvent lié à l'enfance

Deux modèles éducatifs peuvent expliquer ce type de trouble de l'estime de soi.

Premier cas de figure : les parents ont toujours été protecteurs et ont toujours fait preuve d'une grande ingérence dans la vie de leurs enfants, leur laissant une autonomie très limitée. C'est un peu le stéréotype de la « mère juive » : hyperprésente, hyperprotectrice, presque castratrice. L'enfant grandit ainsi en pensant que le monde extérieur est dangereux et qu'il vaut mieux être protégé par quelqu'un de fort. Il a donc beaucoup de difficultés à prendre son envol et recherche sans cesse l'avis des autres pour la moindre décision.

Deuxième cas de figure : les parents sont, au contraire, hyperlaxistes, voire distants avec leur enfant. Celui-ci grandit donc avec un sentiment d'insécurité très fort et la conviction qu'il n'était pas assez « intéressant » pour provoquer l'intérêt de ses parents. Cela donne souvent des adultes très anxieux, très « en demande », qui s'accrochent alors désespérément à toute personne leur prodiguant un minimum de reconnaissance.

Tout faire pour éviter le rejet

La personne hyperdépendante est, en général, charmante : souple, sociable, elle est attirante dans la mesure où toute sa personne semble exister pour combler les besoins de ses proches. Elle vit dans la négation de ses besoins propres et ne reflète qu'une adaptation parfaite à son environnement. On a souvent l'impression qu'elle manque de personnalité, comme le dit bien l'amie de François.

Toute sa conduite est, de fait, dictée par la peur de se faire abandonner ou rejeter. Comme son estime de soi est basse, la personne hyperdépendante pense, en général, qu'elle ne peut se débrouiller toute seule. Et elle a, dans le même temps, tendance à idéaliser les personnes de son entourage et pense que les autres sont la solution à tous ses problèmes… ce qui fait évidemment reposer sur eux une immense responsabilité, qu'ils ne peuvent pas toujours assumer. Car plus ils vont l'aider, plus cela va la confirmer dans sa dépendance… et plus ils risquent de se sentir envahis et donc de finir par la rejeter…

Les risques de l'hyperdépendance

Les risques sont multiples. Au niveau relationnel, un individu hyperdépendant peut, par peur de la solitude, rester avec un partenaire violent, agressif ou simplement inadapté. Mais ayant une peur bleue de la rupture, il préférera en général être mal accompagné plutôt que seul. De même, sur le plan professionnel, les personnes dépendantes ont, en général, peu d'ambition personnelle et manquent cruellement d'initiatives. Elles détestent la compétition, ont besoin d'être dirigées en permanence et sont donc peu armées pour réussir dans le monde du travail actuel. D'ailleurs, force est de constater que la plupart préfèrent laisser la réussite sociale à leur conjoint(e).

À RETENIR

La dépendance aux autres : une conséquence normale de notre nature

L'homme étant un mammifère social (si l'on se réfère à la biologie pure !) : il est évidemment dépendant d'autrui, surtout dans les premières années de sa vie. Mais il acquiert normalement une autonomie naturelle et progressive au fil de sa croissance.

L'hyperdépendance : un trouble spécifique à une mauvaise estime de soi

Cependant, certaines personnes ne parviennent pas à devenir réellement autonomes. Une estime de soi faible et une idéalisation forte de l'autre les poussent à renier leurs propres désirs et besoins pour se soumettre à ceux des autres.

Une vie entière en « sous-régime »

Évitant les conflits, détestant les ruptures et préférant suivre plutôt que mener, les personnes hyperdépendantes se retrouvent souvent dans des situations qu'elles éviteraient si seulement elles étaient plus conscientes de leurs capacités et possibilités…

Narcissisme et estime de soi

« Il n'est pas étonnant qu'on ait tant d'antipathie pour les gens qui s'estiment trop : c'est qu'il n'y a pas beaucoup de différence entre s'estimer beaucoup soi-même et mépriser beaucoup les autres. »

Montesquieu

Témoignage

« Je travaille depuis plusieurs années maintenant dans un cabinet d'architectes qui a pignon sur rue. Il est tenu d'une main de fer par mon patron, monsieur B., qui n'est vraiment pas facile ni évident à côtoyer. La dernière fois, j'ai vu le film Le Diable s'habille en Prada et je dois avouer que Meryl Streep m'a beaucoup fait penser à lui ! Comme je fais bien mon travail, monsieur B. me demande souvent de venir avec lui dans certaines réunions en ville. Il faut dire que ses secrétaires personnelles ne durent, en général, jamais très longtemps et je suis la seule à pouvoir le supporter… Je suis assez clairvoyante avec lui. Je fais ce qu'il me demande, mais je n'hésite pas à lui dire non, doucement mais fermement. Il ne me fait pas peur, il me ferait plutôt pitié même quelquefois. Je crois qu'il le sait et que c'est la raison pour laquelle il me garde…

« Bien sûr, tout le monde veut travailler pour lui, parce qu'il est connu dans la région, mais au final, personne ne le respecte vraiment, il est trop antipathique. Il est très imbu de lui-même et fait sentir à tout le monde sa supériorité, ce qui est parfois insupportable. À l'entendre il connaît tout le gratin de la ville, il suffirait qu'il claque des doigts pour être invité

aux Seychelles ou à Tahiti. Il a un super appartement dans les quartiers chics, une voiture de sport très chère et va tous les soirs au restaurant (je le sais parce que je m'occupe de ses notes de frais… astronomiques !). Et finalement, heureusement qu'il est comme ça d'un certain côté : j'ai parfois l'impression qu'il se sent invulnérable et que c'est ça qui le rend si redoutable au travail. Quand il négocie un contrat, il a l'air tellement sûr de lui que les gens finissent par céder… D'ailleurs, tout le monde finit par céder. Une fois, je suis allée au restaurant avec lui et j'étais mortifiée : il a exigé la meilleure table, a harcelé les serveurs pour être servi le plus rapidement possible. Et ça marche ! Quand tu exiges avec fermeté, les autres finissent souvent par se plier à tes volontés…

« Mais au final, je suis certaine qu'il est très seul dans sa tour d'ivoire : il est trop narcissique pour pouvoir supporter les défauts de quelqu'un d'autre, surtout au quotidien. D'ailleurs, il n'est toujours pas marié. Une seule fois, je l'ai croisé dans mon quartier (qui n'est pas du tout chic !) avec une vieille dame, certainement sa mère. Quand il m'a vue, il s'est décomposé et m'a fait la tête ensuite pendant un mois. Je pense qu'au fond, il ne veut pas que les autres découvrent ses faiblesses… »

Cécile, 27 ans

Un peu de théorie

Qu'est-ce que le narcissisme ?

Le mythe grec de Narcisse est à l'origine du mot « narcissisme » : Narcisse était un jeune homme très beau et très fier, qui, un jour, apercevant son reflet dans l'eau d'une source, en fut tellement fasciné qu'il mourut de ne pouvoir s'en détacher (d'une noyade ou d'inanition, les écrits diffèrent). Ainsi sont les narcissiques. Ils ont, en général, une très haute image d'eux-mêmes, une sorte d'ego surdimensionné, qui leur donne cette confiance inébranlable dont parle Cécile dans son témoignage. Cette estime de soi, très haute, est finalement à double tranchant : cela leur donne l'ambition et la force pour réussir la plupart de leurs projets, mais cela les isole aussi du reste du monde. Se sentant naturellement supérieurs aux autres, les narcissiques estiment que leurs besoins sont aussi supérieurs à ceux des autres : d'où leur tendance à penser que tout leur est dû, à exiger la meilleure table, le meilleur vin, la meilleure place, etc. Ils ne peuvent, de plus, côtoyer que des gens « exceptionnels », qui leur renvoient l'image qu'eux-mêmes veulent donner…

Pourquoi le narcissisme est-il gênant ?

Premièrement, le narcissisme est gênant pour l'entourage. Une personne narcissique a souvent une résistance à la frustration assez faible, ce qui entraîne souvent chez elle un comportement de diva, tel qu'on l'entend maintenant : colères impromptues, caprices, crises de larmes, chantages affectifs, tentatives de séduction. Évidemment, elle agit ainsi pour obtenir ce qu'elle veut et oublie souvent ses promesses une fois son objectif atteint. Elle agit souvent par intérêt et les autres finissent par agir de même avec elle, ce qui la rassure puisqu'elle se dit alors qu'elle a bien raison d'agir comme cela. Le narcissique n'écoute jamais vraiment, compatit rarement au malheur des autres, ne fait pas vraiment preuve d'empathie : le maintien de sa propre estime de soi lui prend trop d'énergie pour pouvoir s'apitoyer sur le sort de ses congénères.

Deuxièmement, le narcissisme est gênant pour la personne concernée. En effet, une haute estime de soi ne signifie pas forcément une bonne estime de soi, car cette dernière reste ici bien fragile. De fait, le narcissique a un besoin permanent de nourrir cette estime, essentiellement à travers le regard des autres. Pour cela, il étale ses signes extérieurs de richesse : il veut être envié, admiré, mais envie aussi ceux qui ont l'air d'avoir plus d'avantages que lui (plus intelligent, plus riche, plus connu…). Ses besoins de reconnaissance sont sans limites et il ne se sent finalement jamais suffisamment rassuré, d'où une surenchère progressive… Comme Cécile le souligne, ce comportement ne peut mener qu'à un vide relationnel intersidéral… ce qui est finalement assez pathétique.

Le talon d'Achille des narcissiques

Les narcissiques traversent souvent une « crise existentielle » grave au moment où ils s'aperçoivent que l'image idéale qu'ils se sont construite ne correspond pas à la réalité : ils n'ont pas atteint tous les objectifs qu'ils s'étaient fixés, leur beauté se fane… Leur estime de soi baisse alors de façon dramatique (elle ne se remet finalement qu'à une hauteur plus… normale) et cela s'accompagne d'une grande remise en question, souvent associée à une dépression plus ou moins importante.

Le problème, c'est qu'ils sont pris au piège dans le personnage qu'ils ont longtemps joué : une personne brillante, indestructible, invulnérable. Ils ne peuvent alors plus se montrer sous leur vrai jour, car ils ont mis du temps et beaucoup d'énergie à bâtir leur personnage. De plus, ils se retrouvent souvent dans un isolement affectif et relationnel important, duquel il est difficile de sortir, et qui aggrave encore leur situation, car ils ne peuvent compter sur aucun soutien social réel.

À RETENIR

Une très haute estime de soi : la particularité du narcissique

Sa croyance de base, c'est-à-dire son point de vue sur lui et le monde est : *« Je suis un être exceptionnel, je dois être le sujet d'une attention particulière. »* De fait, il ne supporte pas la frustration, et tous les moyens sont bons pour obtenir ce qu'il veut.

Une estime de soi pourtant très dépendante d'autrui

En fait, la cuirasse du narcissique a un gros défaut : sans reconnaissance, il n'est rien. Son estime de soi étant purement conditionnelle (il a désespérément besoin du regard des autres, et de préférence un regard admiratif, pour se sentir bien), le narcissique dépense énormément d'énergie pour la maintenir à un très haut niveau.

Un rôle difficile à jouer éternellement

Il est épuisant de jouer le rôle du narcissique (*« Je suis le meilleur »*). Mais son agressivité, son isolement affectif, son passé et les inimitiés que le narcissique provoque rendent souvent difficile un retour à une authenticité moins exigeante.

Des complexes envahissants

« Nos défauts et nos infirmités ne sont pas ridicules en eux-mêmes, mais ridicule est l'effort que nous déployons pour les dissimuler. »

Giacomo Leopardi

Témoignage

« Je n'ai jamais eu de problèmes avec mon apparence physique, non pas que je sois hyper satisfaite de mon apparence, loin de là, mais je reste assez philosophe. Je fais un bon 42, j'ai quelques bourrelets et je sais que je ne ferai jamais du 36. Et alors ? Tous les hommes que j'ai eus jusqu'ici ont toujours adoré mes formes et ils m'ont toujours dit qu'une ronde était beaucoup plus agréable à toucher qu'un fil de fer… Pour eux, c'était plutôt le signe de quelqu'un qui mord la vie à pleines dents et qui aime se faire plaisir…

« Ma sœur, en revanche, c'est tout le contraire de moi. Elle est mince, mais sans être maigre non plus. Moi, je la trouve personnellement très bien faite, jolie, surtout qu'elle est très gentille et que cela se voit sur son visage. Mais elle a un très gros complexe, que j'ai du mal à comprendre tellement je le trouve absurde… ce sont ses poils ! C'est vrai qu'elle est brune, mais bon, de là à en faire une maladie… Surtout qu'en plus, elle n'est pas particulièrement poilue, enfin pas plus que la moyenne : moi personnellement, je le suis autant qu'elle et ça ne m'empêche pas de vivre normalement !

« Le problème avec Sabine, c'est qu'elle est quasiment obsédée par ce genre de détail. Et elle gâche pas mal d'occasions de profiter de la vie à

cause de ça finalement ! Par exemple, avec les hommes, ça la bloque beaucoup pour avoir des relations sexuelles. Ça peut se comprendre avec des relations d'un soir, où tu ne veux pas que l'autre se moque de toi, mais elle m'a dit récemment que même avec son copain actuel, avec qui elle est depuis deux ans quand même, elle n'arrivait pas à faire l'amour si elle n'était pas totalement épilée ! Et je ne parle pas des jupes en été, des journées à la plage, des soirées piscine chez les copains… Le pire, c'est que plus elle se cache, plus cela devient un problème, parce que tout le monde finit par se demander ce qu'elle a…

« Enfin, je suppose que tout le monde a des complexes. Moi, si je devais changer un truc chez moi, du moins temporairement, c'est mon accent. J'ai vraiment l'accent du Sud et depuis que j'habite à Paris, j'ai l'impression que les gens n'entendent que ça ! En plus, on n'arrête pas de me demander si je viens de Marseille, alors que je n'ai pas du tout l'accent de Marseille mais celui de Marmande ! C'est complètement différent ! C'est pareil quand je demande une "poche" dans les supermarchés… alors qu'ici, tout le monde dit un sac… Mais bon, moi, je ne suis pas comme ma sœur, je ne vais pas m'arrêter de parler pour autant ! »

Marie, 26 ans

Un peu de théorie

Les caractéristiques d'un complexe

Un complexe est un détail, un élément de notre personne, que nous trouvons inadapté, ou inférieur à la « norme », et sur lequel nous avons tendance à focaliser toute notre attention. Un complexe peut donc être n'importe quelle partie de notre corps (les fameuses oreilles décollées, la culotte de cheval, les dents qui se chevauchent), mais aussi un attribut intellectuel. La plupart des gens ont, par exemple, un complexe sur leur (manque de) culture, sur leur origine, voire sur leur nom (Madame Boudin, Monsieur Verge). Mais le complexe a aussi d'autres caractéristiques. Primo, il est purement subjectif : deux personnes peuvent avoir la même « imperfection », l'une peut en souffrir terriblement, alors que l'autre s'en fiche. Deuxio, un complexe fait souffrir celui qui en est le sujet, car il est obsédé par cet élément (qu'il pense) disgracieux ou discordant dans sa personne et s'interdit d'agir comme il l'aurait fait spontanément à cause de lui. Nous le voyons avec Sabine : toutes les filles « poilues » ne vont pas jusqu'à refuser de faire l'amour à leur copain quand elles ne sont pas parfaitement épilées !

De fausses croyances et une estime de soi en berne

En effet, de tels complexes, quand ils gênent la vie sociale et sont la cause d'une souffrance bien réelle, sont souvent le signe d'un problème plus profond de l'estime de soi : c'est un peu l'arbre qui cache la forêt. Quand elles regardent leur reflet dans un miroir, les personnes complexées focalisent leur attention sur ce détail, mais ne se voient pas dans leur globalité, ou plutôt dévalorisent leur être entier à cause de ce petit détail. Sans ce défaut, leur vie serait tellement plus belle. Elles auraient plus de succès, de meilleures relations sociales…

Mais ce n'est pas tout. Car à force de focaliser toute leur attention sur ce détail qui leur gâche la vie, elles finissent naturellement par penser que les autres le font aussi. Des expériences psychologiques ont d'ailleurs prouvé qu'en cas de baisse, même temporaire, de l'estime de soi, nous avions tendance à penser que les autres nous observaient d'une façon plus soutenue et remarquaient ce que l'on considérait comme des défauts (une tache sur notre veste, par exemple)… Ainsi, c'est paradoxalement quand on se donne le moins de valeur qu'on s'attribue le plus d'importance aux yeux des autres (*« Tout le monde doit voir que je suis tout rouge, gêné, nul, etc. »*).

Cacher ce que l'on ne supporte pas

Évidemment, toute estime de soi qui se sent menacée développe un mécanisme de défense. Ainsi, un individu ayant une mauvaise estime de soi aura tendance, face à un complexe, à avoir une attitude stéréotypée, en général la fuite ou la dissimulation. Une personne à basse estime de soi qui est complexée de ne pas avoir fait beaucoup d'études pourra, au choix, éviter de parler quand le sujet sera abordé en société, ou se débrouillera pour qu'on ne lui pose pas la question, ou pour détourner la conversation. Mais elle pourra aussi réagir agressivement, en disant par exemple qu'elle *« ne supporte pas les discussions mondaines où tout ce qui intéresse les gens, c'est le chiffre après les mots : bac + »*… Obnubilée par ce « défaut », surestimant son importance et cherchant à le camoufler à tout prix, elle oublie de développer d'autres stratégies qui mettraient l'accent sur ses atouts.

Quelqu'un qui a une bonne estime de soi peut avoir des complexes bien sûr, mais il ne leur attribuera pas la responsabilité de sa réussite ou ses échecs, et n'investira pas autant d'énergie à les dissimuler (et donc à protéger une estime de soi défaillante). Au contraire, certains s'en servent comme d'une spécificité (comme Marie avec son accent du Sud), d'autres encore vont lutter contre leurs complexes avec humour et autodérision (*« Oui, je sais, je suis petit, mais tout ce qui est petit est mignon, n'est-ce pas ? »*)…

À RETENIR

Une personne complexée ne voit qu'une partie d'elle-même en gros plan

En effet, son complexe peut prendre tellement d'importance que son attention n'est attirée que par ce détail… De plus, l'objectivité de cette imperfection, physique ou intellectuelle, peut facilement être remise en cause : c'est le regard que l'on porte dessus qui compte et non pas la réalité en elle-même.

Un complexe important est signe d'une mauvaise estime de soi

Une mauvaise estime de soi, c'est souvent un manque d'équilibre : un détail isolé ne peut décider de la valeur globale d'une personne…

Des mécanismes de défense inadaptés

Pour se défendre d'un regard d'autrui qu'elles jugent inquisiteur (mais qui l'est certainement moins que celui qu'elles portent sur elles-mêmes), les personnes complexées réagissent souvent par la fuite, la dissimulation, voire le mensonge ou l'agressivité. Ce qui les empêche d'utiliser leurs ressources pour mettre en valeur leurs atouts, au lieu de chercher à cacher leurs faiblesses…

Apparence physique et estime de soi ?

« L'homme dépend de l'image de lui-même qui se forme dans l'âme d'autrui, même si c'est l'âme d'un crétin. »

Witold Gombrowicz

Témoignage

« Mes parents ont eu deux enfants : ma sœur Emma et moi, plus jeune de 2 ans. Nous sommes très différentes l'une de l'autre. Emma a toujours été très populaire. Il faut dire qu'elle est magnifique : grande, blonde, avec des traits très fins. Elle n'en a jamais joué pour me rabaisser, mais quand on la compare à moi, c'est évident que l'avantage est pour elle. Je ne suis pas moche, loin de là, mais je suis moins "spectaculaire". Je tiens plus de mon père : un visage plus carré, je suis aussi plus solide physiquement, moins féminine. Jusqu'à l'adolescence, ça ne m'a jamais vraiment gênée, au contraire, j'idolâtrais ma sœur, je voulais tout faire comme elle.

« En revanche, ça s'est gâté ensuite. Non pas que j'étais envieuse, mais il était clair qu'elle était plus attirante que moi pour la gente masculine. Elle n'a même pas eu à vivre cet âge ingrat qu'est l'adolescence : pas d'acné, des formes à tomber par terre… bref, un physique de rêve. Moi, en revanche, j'ai eu l'impression de grandir en largeur. Quand je me baladais avec ma sœur en ville, je voyais bien que je semblais transparente et ça me faisait beaucoup de mal parce que je savais que j'étais aussi intéressante qu'elle. Si des garçons venaient me parler, c'était en général parce qu'ils cherchaient un moyen de s'approcher d'Emma.

« J'ai donc laissé tomber l'aspect "séduction" pendant mon adolescence, parce que j'avais l'impression de n'avoir aucune chance. Et j'ai compensé en me mettant à travailler d'arrache-pied pour rentrer en fac de médecine. Puisqu'ils ne me trouvaient pas belle, je leur prouverais au moins que j'étais intelligente ! Je me suis aussi pas mal éloignée d'Emma qui, elle, rentrait en BTS tourisme. Elle en a beaucoup souffert d'ailleurs, parce que nous étions très proches.

« Finalement, maintenant que nous sommes adultes, cela n'a plus vraiment d'importance. Nous sommes toutes les deux mariées et la balance a même penché plutôt de mon côté. Je suis pédiatre maintenant, j'ai des revenus très confortables, alors qu'Emma galère un peu plus avec son job d'agent de réservations. Mais elle est toujours aussi belle. La différence, c'est que je suis beaucoup plus sûre de moi maintenant, je sais que je plais quand même. Et l'apparence n'a plus autant d'importance pour moi… même si j'évite de faire du shopping avec elle ! Mais j'ai réussi ma vie en ne misant pas que sur ça. Et puis, comme on dit, le temps qui passe nous rend tous égaux. Dans 50 ans, nous serons toutes les deux vieilles et ridées… »

Marion, 33 ans

Un peu de théorie

L'apparence physique, une composante essentielle de l'estime de soi

Évidemment, ce n'est pas tant l'apparence physique qui est importante pour l'image de soi, mais seulement l'idée que l'on se fait de son apparence physique, à travers l'image de soi que nous renvoient les autres. Parmi tous les critères que nous passons au crible lorsque nous nous autoévaluons, l'apparence physique est certainement l'un des plus importants. En effet, pour tous les autres critères (intégration sociale, capacités intellectuelles, habileté motrice, etc.), leur évaluation dépend du milieu dans lequel on se trouve, ainsi que de son investissement personnel. Par exemple, un garçon plutôt « intellectuel » accordera peu d'importance à ses performances sportives (et son estime de soi sera donc peu touchée s'il a une mauvaise note en EPS). De plus, il évitera de se mettre de lui-même dans une situation où il peut être mis en échec (surtout s'il veut séduire une fille). À lui donc les ateliers de théâtre, d'échecs ou de journalisme plutôt que les matchs de football improvisés dans la cour.

En revanche, il est difficile de mettre de côté son image. Pourquoi ? Parce qu'elle est évaluée quel que soit le milieu dans lequel on est et qu'il est difficile de la mettre de côté pour ne pas être jugé (qu'il serait confortable de se dire : *« Bon, aujourd'hui, petite forme, je laisse mon image à la maison en allant au boulot. »*).

L'apparence physique est une qualité intrinsèque… et omniprésente pour chacun. Il est donc facile de la surinvestir, c'est-à-dire de lui donner une importance primordiale par rapport au reste.

Le complexe du homard

L'adolescence est une période très critique pour l'estime de soi. Le corps subit alors de multiples changements, rapidement et sans qu'on puisse les contrôler et l'apparence physique devient alors pour beaucoup un objet de préoccupation. C'est ce que Françoise Dolto appelle le « complexe du homard » : ce moment de vulnérabilité où l'on change de carapace.

L'adolescent, en quête d'identité, ressent le regard des autres de façon presque épidermique. Son estime de soi est donc extrêmement dépendante de l'acceptation de son physique par les autres. Alors, il se construit sur un modèle fondé sur les critères de la bande, de la mode, des valeurs du groupe. Il choisit donc ses habits en fonction des autres, pour se rapprocher et faire partie d'un certain groupe. Et c'est à ce groupe de référence qu'il va se comparer.

C'est d'ailleurs la raison pour laquelle Marion s'éloigne de sa sœur : on se compare à ce qui est proche de soi et éloigner la source de comparaison négative aide à se protéger.

De la « fashion victim » à la « self-esteem victim »

Le plus important pour l'adolescent est qu'il finisse par se construire une image à peu près acceptable de lui-même, pour évoluer vers une maturité et une estime de soi plus stable. Le souci est quand cette tyrannie du « look » se prolonge après l'adolescence. L'individu a ainsi tout misé sur son apparence : c'est la seule qualité qu'il se reconnaît. Ou alors il cherche à surcompenser un ancien complexe : c'est la jeune fille complexée qui achète, une fois adulte, les mêmes chaussures en douze couleurs différentes (ou qui se fait refaire le nez). Évidemment, la société actuelle ne fait rien pour arranger les choses, en valorisant un seul modèle de beauté idéale (mince et jeune).

Poursuivre un tel rêve est forcément dépersonnalisant, puisqu'il implique de nier sa nature pour poursuivre un idéal à la fois inaccessible et stéréotypé. Alors que l'essence même d'une bonne estime de soi est de s'accepter tel que l'on est. Certaines personnes font alors de leur look un « pansement » bien dérisoire pour combler une estime de soi déficiente… Et la mode étant une excuse pour consommer, ces « fashion victims » deviennent alors des « shopaholics » (accros du shopping) compulsifs. Le cercle vicieux est alors enclenché : problèmes d'argent et culpabilité, donc baisse de l'estime de soi, donc besoin compulsif d'acheter de nouveaux vêtements…

À RETENIR

L'apparence physique est un critère important de l'estime de soi

C'est l'un des seuls avec lequel il est difficile de tricher : le corps est tout le temps exposé au regard des autres, contrairement à nos autres compétences, qu'elles soient sociales, morales, sportives, scolaires, professionnelles, artistiques ou autres.

L'adolescence est une période clé

Les préoccupations des adolescents sur leur physique peuvent sembler parfois excessives, mais elles sont tout à fait normales. C'est lorsqu'elles se prolongent à l'âge adulte qu'elles sont plutôt le reflet d'une faible estime de soi.

L'estime de soi n'est pas tant liée au physique qu'à ce qu'il représente pour nous

Ce sont l'importance que nous accordons à notre physique et la possibilité de cultiver nos autres compétences qui influencent notre estime de soi. Le tout étant d'essayer de dissocier la perception de notre corps des modèles placardés un peu partout… Plus facile à dire qu'à faire, c'est vrai…

L'estime de soi sous stress

« Ce qui trouble les hommes, ce ne sont pas les événements, mais les jugements qu'ils portent sur eux. »

Épictète

Témoignage

« J'ai toujours été assez stressé. Au primaire déjà, je stressais aux contrôles, j'avais toujours peur d'arriver en retard, de tout oublier au moment crucial, ou de ne pas y arriver. Finalement, cela me rendait plutôt service, dans la mesure où j'arrivais toujours hyper préparé aux examens.

« Maintenant, même si je suis stressé, au boulot par exemple, j'essaie de me raisonner en me disant que j'ai travaillé comme un fou sur ce truc, que l'on me fait confiance, que même si ce n'est pas bon, ce n'est pas grave et que je corrigerai ce qui ne va pas, etc. Ça marche assez bien, j'arrive à contrôler mon stress. Et puis, je pense que cela vient aussi avec l'expérience…

« Mais il y a quand même quelque chose qui me terrifie encore, quoi que j'y fasse, c'est de parler devant du monde. J'ai de la chance, parce que le collègue avec qui je bosse est lui, au contraire, très à l'aise à l'oral… en général, moi je m'occupe de tout ce qui est écrit, puis on fait un point sur les détails de la présentation et il s'en occupe le jour J. Mais j'ai décidé de changer ça et je me suis inscrit à un stage de développement personnel qui s'appelle "Prendre la parole en public", j'espère que cela me décoincera…

« Je sais qu'au fond, ça me vient de ma mère, qui elle est encore pire que moi. À côté, je suis vraiment très zen ! Le problème pour elle, c'est que

le moindre changement dans le quotidien la rend très anxieuse, même si objectivement, il n'y a pas de raison de stresser... La dernière fois, elle était presque en train de pleurer parce que le supermarché s'était agrandi et avait réorganisé certains rayons... En plus, cela paraît s'empirer avec l'âge. Je sais qu'elle n'a jamais eu vraiment confiance en elle. Je l'ai toujours entendue se dénigrer. Quand on faisait nos devoirs, elle ne nous aidait quasiment pas parce qu'elle "n'avait pas fait d'études" et qu'elle n'avait jamais vraiment travaillé (elle s'était mariée très tôt et avait enchaîné la première grossesse très vite). Ensuite, si mon père lui faisait des remarques un peu négatives (ma mère avait tendance à l'idolâtrer en plus, et il faut avouer qu'il en jouait un peu), elle disait : "Oui, tu as raison, je suis une vraie idiote..." Elle était si peu sûre d'elle qu'elle s'accrochait désespérément à ce qu'elle connaissait et qu'elle avait l'impression de maîtriser, c'est-à-dire nettoyer la maison, faire la cuisine... Finalement, quand je la regarde avec des yeux d'adulte maintenant, c'est malheureux mais je me dis que je ne veux surtout pas finir comme ça... »

Martial, 31 ans

Un peu de théorie

Le stress, petit retour dans l'histoire

Le stress est une réaction qui permet de nous adapter à notre environnement. Depuis la nuit des temps, le stress nous a ainsi permis d'éviter ou de réagir face à la plupart des dangers, qui menaçaient généralement notre intégrité physique. Le stress est une condition *sine qua non* de la (sur)vie : sans stress, pas de sentiment de danger (et pas de peur), et donc pas de comportement adapté de façon à y faire face. Le stress est une façon de nous protéger.

Mais le stress a changé de nature. Sauf en de rares occasions, nous ne risquons plus de nous faire dévorer par des bêtes sauvages. Les menaces qui génèrent du stress se sont considérablement modifiées et sont maintenant plus d'ordre psychologique ou émotionnel que physique : des dossiers difficiles, des délais courts, des objectifs ambitieux, des frustrations, voire des humiliations, des changements subits (ou tout simplement parler devant une assemblée !). Cependant, notre corps a gardé les mêmes mécanismes de défense que celui de « l'homme des cavernes », la plupart du temps inadaptés dans notre vie quotidienne… Ce qui ne facilite pas les choses, étant donné la multiplication des facteurs stressants.

Le lien entre estime de soi et stress

Quand un événement ou une situation potentiellement facteur de stress survient, nous faisons instantanément ce que l'on appelle une double évaluation. L'évaluation primaire consiste à se demander : *« Dans quelle mesure la situation est-elle dangereuse pour moi ? »* L'évaluation secondaire a, elle, pour principale interrogation : *« Ai-je les moyens d'y faire face ? »* Estimer avoir un contrôle sur la situation est donc primordial dans la gestion du stress.

On voit ici se dessiner les liens entre l'estime de soi et le stress. Quelqu'un qui a une estime de soi plutôt basse aura, par exemple, tendance à surévaluer le danger et sous-évaluer ses ressources : c'est-à-dire à se dire : *« C'est trop dur, je n'y arriverai jamais »* ou alors *« Tout le monde va se moquer de moi si je me plante »*. D'ailleurs, comme une partie du stress se fonde sur nos expériences antérieures, celui qui a une mauvaise estime de soi se rappellera ainsi plus facilement la fois où il s'est trompé et augmentera ainsi d'autant son anxiété.

A contrario, quelqu'un qui a une trop haute estime de soi peut sous-évaluer l'enjeu, surestimer ses moyens et se tromper aussi… Mais il aura vécu moins de stress…

La perception de la situation, la clé du stress

Dans les facteurs stressants, il faut donc différencier deux choses. D'un côté, le facteur externe, c'est-à-dire objectif, qui peut provoquer le stress : changement, perte, etc. D'un autre côté, le facteur interne, c'est-à-dire subjectif, qui peut l'amplifier ou le réduire : nos pensées, nos croyances, nos émotions. Comme l'estime de soi est un phénomène intimement lié avec ces processus cognitifs et émotionnels, il est évident que deux personnes n'ayant pas la même estime de soi interpréteront le même événement de façon différente : l'un y voyant un challenge et l'autre une épreuve…

Nous fonctionnons ainsi : nous évaluons la situation, ce qui entraîne alors une pensée automatique *(« Je suis nul »* ou *« Je vais pouvoir montrer ce dont je suis capable »*), puis un sentiment (le découragement, l'angoisse, ou au contraire l'excitation et l'envie de relever le défi) qui conditionne notre réaction.

Ici encore, l'estime de soi est un cercle vicieux ou vertueux : mauvaise, elle entraîne une fausse évaluation et un stress plus élevé. Ce stress peut, suivant la façon dont on réagit, pousser à tout faire pour en être délivré (c'est-à-dire comme dans le cas de Martial, travailler comme un damné pour les examens), mais peut aussi provoquer la fuite ou la dépendance à des personnes jugées plus compétentes (comme pour sa maman), l'anxiété (avec ses conséquences comme maux de tête ou insomnies) ou même l'agressivité.

Une bonne estime de soi, même si elle n'efface pas complètement le stress, facilite les pensées positives et constructives et donc une meilleure mobilisation de ses ressources…

À RETENIR

Le stress fait partie de notre vie

C'est en partie nos instincts de survie qui s'expriment ici : il faut donc non pas l'éviter complètement, mais plutôt apprendre à mieux le gérer.

Le stress est lié à notre perception de la réalité

Et notre perception de la réalité est en grande partie liée à notre estime de soi : nos croyances, nos pensées automatiques et la conscience de nos capacités rentrent en ligne de compte quand on évalue une situation potentiellement stressante.

Le bon et le mauvais stress

Une bonne estime de soi nous aide à prendre conscience de nos possibilités, à mobiliser nos ressources disponibles et réduit donc considérablement le stress. Une mauvaise estime de soi confrontée au stress entraîne, au contraire, comportements de fuite, d'anxiété ou d'agressivité, avec leur cortège de conséquences négatives.

Honte et estime de soi

« La honte n'a pas pour fondement une faute que nous aurions commise, mais l'humiliation que nous éprouvons à être ce que nous sommes sans l'avoir choisi, et la sensation insupportable que cette humiliation est visible de partout. »

Milan Kundera

Témoignage

« Je viens d'un milieu très modeste. Mes parents vivent dans le sud de la France, dans un tout petit village dans le Gers. Ils sont éleveurs de canards, travaillent dur et font les marchés tous les week-ends dans les villages des environs. Moi j'ai eu la chance d'avoir toujours été bon élève à l'école, ce qui m'a permis de pouvoir continuer mes études. Je suis finalement devenu juriste.

« J'ai ensuite trouvé du travail à Paris, dans un gros cabinet assez prestigieux, qui gérait les portefeuilles de marques d'une clientèle internationale. Et j'y ai rencontré Macha, une juriste russe qui s'occupait plus spécifiquement des clients de son pays. Entre nous, le courant est tout de suite passé et nous avons commencé à sortir ensemble. Macha est une femme très brillante, très belle, assez intimidante. Elle venait d'une famille très aisée de Moscou. Du coup, je n'osais pas parler de mes parents, de mes origines, car le fossé entre les deux était trop grand. Et bêtement, je n'avais pas envie d'écorner mon image de "jeune cadre dynamique", alors que j'avais réussi à bien m'intégrer avec mes collègues, parisiens ou étrangers pour la plupart (et très éloignés de mon milieu d'origine il faut bien

le dire). J'imaginais la scène : Macha dans la ferme familiale, avec mon père qui dirait alors : "Boudiou, c'est un beau morceau", et qui commencerait à lui parler du gavage des canards... Pour la première fois de ma vie, j'avais honte de ma famille : je ne voyais que trop bien leurs limites, surtout après avoir rencontré mes "beaux-parents", venus spécialement à Paris : cultivés, élégants et parlant un français impeccable.

« Finalement, je n'ai pas eu le choix. À Noël dernier, comme Macha se retrouvait seule à Paris et que j'avais promis de passer les fêtes dans le Gers, je n'ai pas pu ne pas l'inviter. Et le 23 décembre, nous sommes partis. J'étais hyper mal à l'aise, et finalement je lui ai tout dit : j'avais honte de l'emmener chez mes parents, parce qu'elle allait voir que c'était des paysans et en même temps j'avais honte de moi d'avoir honte d'eux. Le lui avouer m'a soulagé instantanément. Et Macha m'a répondu que ses grands-parents paternels étaient eux-mêmes des paysans, qu'elle avait souvent joué, petite, dans leur ferme et que cela lui ferait plaisir de retrouver cette ambiance, ce qui m'a complètement rassuré (et m'a fait culpabiliser un peu plus). Et au final ça s'est très bien passé : mes parents ont certes été assez impressionnés, mais ils ont adoré Macha, qui n'a pas hésité à mettre les bottes en caoutchouc pour aller nourrir les bêtes… Et c'est là que je suis vraiment tombé amoureux… »

Armand, 33 ans

Un peu de théorie

Définir la honte

La honte est une émotion complexe généralement décrite comme un fort sentiment d'infériorité, temporaire ou durable, mais cela ne suffit pas pour la définir. Car la honte a également un enjeu éminemment social. En effet, nous ressentons de la honte quand nous nous sentons humiliés ou inférieurs par rapport aux autres. Nous avons honte quand nous ressentons (ou supposons) le regard négatif des autres sur un aspect de notre identité, de notre statut, et que nous avons nous-mêmes un jugement négatif sur ce même aspect que nous avons du mal à assumer. En d'autres termes la honte est double, puisqu'elle fait intervenir le regard de l'autre et notre propre regard négatif sur nous-mêmes.

En effet, c'est très souvent un élément constitutif de notre identité qui provoque la honte. Cela peut porter sur notre physique (un peu trop d'embonpoint par exemple), sur notre origine (comme dans le témoignage d'Armand, qui ne veut pas « baisser » dans l'estime de sa compagne en lui révélant ses origines campagnardes), sur notre statut (se ridiculiser dans une soirée, au bureau...) etc. En fait, nous avons honte quand nous ne nous montrons pas conformes à la norme sociale, et donc au groupe social auquel nous nous identifions, ou auquel nous aspirons nous identifier. En effet, une jeune femme peut avoir honte d'être grosse si elle se retrouve par exemple dans un club de gym rempli de sylphides athlétiques... Parce qu'elle pense qu'elle ne correspond pas à la norme, parce qu'elle pense que les autres la jugent négativement, et parce qu'elle-même se juge négativement... De plus, quelqu'un qui a une mauvaise estime de soi sera enclin à ressentir une honte plus vivace, car il aura tendance à se juger sévèrement, et à surestimer l'avis négatif des autres, alors que ceux-ci n'ont peut-être même pas remarqué ou ont oublié depuis longtemps ce qui a provoqué une honte aussi tenace...Il est important de noter ici que cette émotion est d'autant plus destructrice quand nous la ressentons devant quelqu'un d'important pour nous, dont le jugement nous paraît essentiel.

Les effets de la honte

La honte a plusieurs effets délétères. Premièrement, comme la honte prend sa source dans un élément constitutif de notre identité que nous avons du

mal à assumer (de façon temporaire ou définitive), nous avons l'impression que c'est toute notre personne qui perd de la valeur. C'est donc l'estime de soi globale qui est touchée, salie, rabaissée.
Deuxièmement, la honte est une émotion que l'on peut ressentir « à volonté », presque sur commande. Nous avons en effet tendance à ruminer ces moments de honte, à nous répéter : *« Je n'aurais pas dû dire ça »*. Nous entretenons ainsi ce sentiment de honte, qui peut alors devenir très pénible. Cela nous fragilise et peut même durablement détruire notre estime de soi.
Troisièmement, la honte entraîne la mise en place de mécanismes de défense, différents selon chacun. Certaines personnes vont par exemple développer un mécanisme d'évitement, pour fuir la situation qui a provoqué leur honte. Elles refusent alors de participer à certains événements, de revoir certaines personnes, de retourner dans certains lieux. Cela ne guérit pas la honte, et la ravive même régulièrement.
Mais la honte peut aussi provoquer de l'agressivité. En effet, il a été prouvé par plusieurs expériences qu'une personne dont l'estime de soi a subi des dommages importants aura plus volontiers des jugements et des attitudes agressifs envers les autres. La violence et les coups peuvent être une façon de compenser, voire de « réparer » une honte subie, surtout si cette violence réactive est « tolérée » par les normes du groupe. Personne, par exemple, ne trouve anormal qu'un mari cocu puisse se venger en agressant sa femme ou l'amant de sa femme…

À RETENIR

La honte est une émotion complexe

Elle est complexe car elle recouvre plusieurs sphères : elle peut provoquer des blessures de l'estime de soi (dites blessures narcissiques), elle agit parfois durablement sur nos pensées et nos comportements, et elle a une composante sociale importante.

La honte : peur du rejet social et dévalorisation de soi-même

La honte porte en général sur notre non-conformité par rapport aux normes (fondées ou imaginées) de notre groupe social. Elle se nourrit du jugement négatif des autres (réel, anticipé ou supposé), mais aussi et surtout du jugement négatif sur nous-mêmes, sur un élément de notre identité que nous avons du mal à assumer.

Les effets de la honte

La honte provoque des ruminations négatives et inutiles, une baisse notable et parfois durable de notre estime de soi et des mécanismes de défense souvent inadaptés, comme l'évitement ou l'agressivité. Une faible estime de soi entraîne également une propension plus grande à ressentir de la honte.

Jalousie et estime de soi

« Les jaloux sont comme les fous et les ivrognes, ils ne se rendent jamais compte de leurs souffrances. La jalousie provient d'un manque de confiance non pas envers l'autre, mais envers soi-même. »

Eugène Cloutier

Témoignage

« Je sors avec Loïc depuis 2 ans environ. Je l'ai rencontré dans une soirée et on s'est tout de suite plu. Nous sommes tous les deux assez timides, un peu blessés aussi par la vie. Moi, j'ai perdu mes parents assez tôt et j'ai été élevée par mes grands-parents maternels. Lui n'a jamais vraiment connu sa mère car elle a quitté son père quand il avait 5 ans pour suivre quelqu'un aux États-Unis. Elle l'a quasiment abandonné, puisqu'elle n'a jamais donné de signes de vie, sauf en de rares occasions. Il a donc été élevé par son père, qui ne s'est jamais remarié et qui lui a toujours conseillé de "se méfier de ces serpents de femmes".

« Quand on s'est rencontrés Loïc et moi, je venais de rompre avec mon ex, qui m'avait trompée. Comme quoi, il n'y a pas que les femmes qui trompent leur mari et s'en vont ensuite avec leur nouvel amant. Mon copain n'est pas parti tout de suite, mais a vécu une aventure pendant plusieurs mois avec cette fille, avant de se décider à me quitter. Ça m'a beaucoup blessée à l'époque… C'est pour ça que j'ai trouvé Loïc rassurant dès le début. Il était attentionné, présent quand j'avais besoin de lui, exactement ce qu'il me fallait. J'ai emménagé il y a environ neuf mois chez lui, parce qu'il insistait et que moi-même ayant des problèmes d'argent, je me

suis dit que c'était certainement mieux. J'ai demandé ma mutation et je l'ai eue rapidement, ce qui m'a confortée dans mon choix. Mais comme je ne connaissais personne dans le coin où nous vivons et que je me sentais assez seule quand Loïc n'était pas là (il travaille de nuit deux fois par semaine), j'ai commencé à me lier d'amitié avec Marc et Fanny, deux collègues très sympas.

« Très vite, cela a posé problème. Loïc me demandait tout le temps avec qui j'étais, où j'étais, à quelle heure je comptais rentrer. Au début, cela ne me dérangeait pas. Mais je me suis vite rendu compte qu'en fait, il était très jaloux, surtout de Marc évidemment, qui est divorcé et célibataire. Par deux fois, je l'ai vu regarder dans mon téléphone et vérifier aussi je ne sais quoi dans mon manteau…

« Quand je lui en ai parlé, il a nié mais ensuite, il a éclaté en sanglots, pour me dire qu'il m'aimait et qu'il avait peur de me perdre, qu'il avait peur que je trouve mieux que lui. J'ai essayé de le rassurer et je pensais avoir réussi mais un mois après, il a recommencé (du moins, je l'ai vu le faire, mais rien ne me dit qu'il ne le fait pas tous les jours !).

« Je ne veux pas que cela prenne des proportions dantesques, mais je ne veux pas non plus limiter mes sorties parce que je considère que je ne fais rien de mal. J'aime Loïc, et je sens qu'il m'aime aussi, mais je ne veux pas qu'il m'étouffe. Je me sens piégée… »

Delphine, 32 ans

Un peu de théorie

Qu'est-ce que la jalousie ?

La jalousie est une émotion complexe, dans la mesure où elle est le mélange de plusieurs émotions de base et parce qu'elle s'exprime différemment selon les individus. Certains voient dans la jalousie de la tristesse et de la colère, d'autres de la peur et de la colère, voire quelquefois même de la honte. Toujours est-il que tous les êtres humains y sont sujets et ce, à n'importe quel âge de la vie : jalousie envers un frère ou une sœur, jalousie envers la personne que l'on aime…

La jalousie exprime un sentiment de possession et est liée à la peur de perdre ce que l'on possède. Elle se distingue, de fait, de l'envie, qui est le fait de désirer ce que l'autre possède. Dans l'envie, le but est d'obtenir ce que l'on n'a pas. Dans la jalousie, le but est de garder ce que l'on a pour soi…

C'est pour cette raison que la jalousie est très liée au sentiment amoureux et passionnel. Les scientifiques évolutionnistes (les disciples de Darwin et de la théorie de l'évolution) pensent que cette émotion a survécu jusqu'à nos jours pour des raisons de reproduction. En effet, à l'origine, la jalousie masculine garantissait au mâle que ses enfants étaient bien les siens. La femme devait, elle, s'assurer que les vivres ramenés par son partenaire lui étaient bien destinés.

La jalousie a plusieurs visages. Ce peut être une jalousie normale, c'est-à-dire celle qui s'appuie sur des faits, ou qui ne provoque pas de souffrance, que ce soit chez l'un ou l'autre partenaire. Mais ce peut être aussi une jalousie plus obsessionnelle, avec restriction des droits de la personne jalousée, contrôles continus des activités ou des fréquentations etc. Celle-ci est évidemment source de souffrance chez le jaloux et chez la personne jalousée.

Les racines de la jalousie

La jalousie excessive est la conséquence d'une histoire, d'un vécu. Elle s'appuie sur le sentiment de sécurité de l'individu. Certaines personnes, de par leur enfance, ont un sentiment d'insécurité affective profond. D'après les psychologues, les enfants ont trois types d'attachement possibles, qui sont déterminés avec une expérience simple. L'enfant est laissé seul sans sa mère (ou sans la personne représentant sa mère), alors que d'autres personnes étrangères sont présentes dans la salle. Sa réaction est analysée au retour de celle-ci. L'attachement est dit « sécure » quand l'enfant manifeste de la joie au retour de sa mère et qu'il cherche le contact avec elle (environ 60 % des enfants). L'attachement est décrit comme « ambivalent » quand l'enfant manifeste à la fois de la joie et de la colère ou de la tristesse (30 %). Enfin, le bébé qui se détourne complètement de sa mère et qui va chercher le contact avec une personne étrangère fait preuve de ce que l'on appelle un attachement « insécure » (10 %). Un processus d'attachement défaillant (c'est-à-dire insécure et, dans une moindre mesure, ambivalent) est souvent provoqué par un comportement inadapté de la part de la mère (qui, par exemple, ne sait pas décoder les besoins de son enfant), ou par son absence prolongée due à une hospitalisation, une dépression, une séparation, etc.

Évidemment, l'enfant souffrant d'une défaillance au niveau de l'attachement maternel a tendance à avoir une estime de soi plus faible (*« Je ne suis pas digne d'être aimé, il faut que je fasse des efforts pour l'être »*). Mais plus important encore, il perd son « capital confiance en l'autre ». Cela perdure une fois adulte et peut entraîner ce sentiment de jalousie, qui se nourrit alors de l'incertitude, des doutes permanents et du manque de confiance en soi et en l'autre. Il peut alors avoir tendance à sans cesse « tester » l'amour de l'autre (ce qui provoque, en général, des questionnements plutôt négatifs chez le conjoint). Et finalement, ce qu'il craint le plus finit par se produire…

À RETENIR

La jalousie est une émotion complexe

Une émotion complexe est composée de plusieurs émotions simples. Ici, interviennent souvent la peur (de perdre l'autre), la tristesse, la colère, voire la honte (une autre émotion complexe…). C'est en fait une sorte de mécanisme de défense destiné à garder pour soi ce que l'on a peur de perdre.

La jalousie est souvent liée à un problème d'estime de soi

L'estime de soi est, on le sait, la capacité de se sentir digne d'être aimé. Elle vient notamment d'un sentiment stable de sécurité affective (très souvent maternelle), qui entraîne alors la possibilité de faire confiance, de s'engager, d'aimer sans avoir constamment besoin de se rassurer. Les enfants ayant manqué de cette stabilité (dite aussi attachement maternel « sécure ») peuvent, une fois adultes, développer une forte propension à la jalousie.

S'apprécier à sa juste valeur

« Connais-toi toi-même. »

Socrate

Témoignage

« J'ai peu confiance en moi. J'ai passé toute ma vie à me chercher, mais j'ai l'impression de ne pas y être arrivée. Par exemple, je travaille en général en tant qu'assistante de direction. Dans ma vie, j'ai passé beaucoup d'entretiens de recrutement. Et à chaque fois, ma hantise était une question simple mais qui me paralysait complètement : "Définissez vos qualités et vos défauts." Je suis toujours partagée entre l'envie de me faire bien voir, parce que l'enjeu est important, entre l'honnêteté envers la personne en face de moi et le risque de me faire passer pour quelqu'un d'orgueilleux. Être soumise ou perfectionniste, est-ce considéré comme un défaut ou une qualité ? Alors bien sûr, je ne suis pas idiote et je dis, en général, ce que l'employeur a envie d'entendre. Pour être assistante de direction, il faut être organisée et méticuleuse, mais aussi ne pas se laisser marcher sur les pieds… mais je ne suis pas sûre que ce soit vraiment moi.

« En fait, le problème, c'est que je me sens souvent moins bien que… Dans les soirées, j'écoute beaucoup mais je parle peu et quand on me demande mon avis, soit je rougis et je bafouille, soit je me range à l'avis du dernier qui a parlé, même si je ne suis pas tout à fait d'accord. J'ai parfois l'impression de ne pas avoir de personnalité réelle : je m'adapte aux gens qui sont autour de moi et même si cela m'énerve, je n'y peux rien, je suis comme ça.

« À force de faire cela, je finis d'ailleurs par me convaincre que mon opinion n'a pas vraiment de valeur. D'ailleurs, c'est comme ça que j'ai choisi mes études. Comme je ne savais pas vraiment quoi faire, et comme j'avais l'impression d'être moyenne en tout, de ne pas avoir de passion véritable, j'ai demandé à ma sœur de m'aider. On a épluché les dossiers du centre d'information ensemble et finalement, j'ai choisi des études d'assistante de gestion. Mes parents étaient soulagés que je choisisse une voie professionnalisante car ils s'inquiétaient un peu pour moi, donc ça m'a confortée dans mon choix.

« Mais je m'aperçois que je commence un peu à étouffer dans ce poste, parce qu'il y a assez peu d'évolutions possibles, alors j'aimerais bouger un peu, faire autre chose... mais quoi ? Je pense que je vais essayer de faire un bilan de compétences. Ça va peut-être m'aider à prendre conscience de mes qualités et à m'orienter vers un domaine qui me plairait plus. Je place beaucoup d'espoir dans cette analyse. Mais j'ai aussi peur qu'ils me disent : vous n'avez pas de compétences particulières et vous devez continuer votre métier actuel... l'horreur ! »

Gwénaëlle, 36 ans

Un peu de théorie

Mieux se connaître pour mieux s'accepter

Beaucoup de personnes avancent dans la vie à l'aveugle. Si vous leur posez la question : *« Qui êtes-vous ? »*, ils ne sauront vous répondre ou ils vous répondront en vous disant le métier qu'ils font, le nombre d'enfants qu'ils ont, le montant du salaire qu'ils gagnent... Ils se définiront essentiellement à travers les rôles qu'ils jouent (père ou mère de famille, directeur ou ouvrier) tout au long de leur vie ou tout au long de

la journée. Sans se demander réellement de quoi ils sont faits, qu'est-ce qui les a poussés à devenir maçon ou graphiste, père ou mère.
La connaissance de soi et la détermination de ses valeurs, de ses qualités, de ses défauts sont les premières voies de l'acceptation de soi-même, car cela permet de prendre conscience de soi, de se reprendre un peu en main, de ne pas se considérer comme un jouet du destin ou des autres.

La conscience de soi mène à l'acceptation de soi

Être conscient de soi est la première marche vers l'acceptation. Être conscient de soi, c'est avant tout prendre un peu de recul sur soi et considérer sa vie, dans les bonnes choses comme dans les mauvaises. C'est accepter que l'on ne soit pas parfait, que la réalité ne corresponde pas tout à fait à l'image idéale que l'on s'est donnée. En effet, idéalement, tout le monde aimerait être intelligent, beau, drôle, riche, etc. Et pourtant, beaucoup d'entre nous ne correspondent pas à ce stéréotype.
Certains ne le supportent pas et perdent par exemple beaucoup de temps et d'énergie à en vouloir au monde entier : ils en veulent à leurs parents de ne pas avoir été assez compréhensifs, à leurs professeurs de ne pas avoir été assez indulgents ou pédagogues, à leurs copains de ne pas avoir été là au bon moment, ou à leur âme sœur de ne pas être venue les trouver… ils se reposent sur les autres ou sur la malchance pour expliquer leur désarroi.
Au contraire, d'autres s'acceptent et arrivent à vivre avec leurs imperfections, parce qu'ils sont aussi conscients de leurs forces. Car être conscient de ses faiblesses ne veut pas forcément dire se résigner à vivre avec, cela signifie surtout les accepter pour ce qu'elles sont et tenter de s'améliorer. Comme pour un plombier, qui ne sera capable de réparer la panne qu'une fois qu'il l'aura localisée, nous ne sommes capables de progresser qu'une fois que nous savons ce sur quoi il faut travailler.

Éviter de se déresponsabiliser

Il est facile, en effet, de chercher sans cesse à rejeter la faute sur les autres ou sur la destinée. On peut chercher des explications ou même des circonstances atténuantes, mais non pas des excuses. On peut avoir été battu enfant et ne pas battre ses enfants. On peut avoir été bafoué sans forcément bafouer les autres : tout est question de choix. Et le choix est plus facile à faire quand on est conscient de ses erreurs ou de ses atouts. Le tout est de ne pas se considérer comme une victime, c'est-à-dire ne pas être dépendant du bon vouloir des autres. Car on attend souvent d'autrui ce que l'on n'est pas capable de faire soi-même. Il est ainsi plus facile d'en vouloir aux autres plutôt qu'à soi-même quand cela ne marche pas. Mais cela vous enlève aussi, en cas de réussite, une bonne partie des lauriers que vous auriez pu récolter.

De même, chercher à tout prix l'acceptation des autres est inutile si vous ne vous acceptez pas déjà vous-même. Vouloir à tout prix correspondre à l'idée que les autres ont de vous, c'est se perdre dans des volontés floues, vagues et quelquefois contradictoires. Votre patron veut que vous preniez des initiatives et que vous soyez volontaire. Votre partenaire veut, au contraire, que vous soyez capable de faire des compromis. Vos copains veulent que vous soyez disponible. Vos parents veulent que vous les écoutiez. Vos enfants veulent que vous soyez compréhensif et que vous les compreniez. Et vous ? Que voulez-vous ?

À RETENIR

L'acceptation de soi-même est parfois difficile mais nécessaire au bonheur

Avant de construire une maison, n'essayez-vous pas de connaître tous les paramètres du terrain sur lequel vous la construisez ? ses limites, ses atouts, sa composition, ses aspérités ?... L'estime de soi est fragile et ne peut se construire que sur un terrain solide et connu.

S'accepter pour s'estimer

S'accepter est la première étape de l'estime de soi. Vous pouvez être victime des événements mais il ne faut en aucun cas se considérer comme une victime, puisque cela empêche de mobiliser ses ressources pour agir.

S'estimer avant d'être estimé par les autres

Il est important d'être accepté et intégré dans une vie sociale épanouissante. Mais ne se voir qu'à travers le regard des autres (*« Il a dit que j'étais comme ci ou comme ça »*), c'est se confondre avec une image floue et toujours changeante, selon les personnes avec qui vous êtes. C'est aussi nier ses besoins et sa personnalité.

S'affirmer en toute sérénité

« Nous naissons princes et le processus de civilisation nous transforme en grenouilles. »

Éric Berne

Témoignage

« Je suis formateur en développement personnel depuis un peu plus de 10 ans. J'anime des formations, axées sur l'estime de soi, la gestion de conflit, le management. La plupart des stagiaires viennent pour des motifs professionnels, mais si on gratte un peu, c'est un mal-être personnel qui sous-tend souvent les problèmes au travail. Je n'ai pas comme politique d'aller trop loin dans l'autoanalyse pendant les stages, surtout si l'être est vraiment abîmé, parce que ce ne sont pas des thérapies et parce qu'il est facile d'ouvrir des blessures, mais difficile de les refermer en si peu de temps. Mais j'essaie quand même, dans la mesure du possible, d'aider mes stagiaires à prendre conscience d'eux-mêmes, de leurs besoins, de leurs qualités, avant même d'aller plus loin.

« Je commence toujours par des exercices d'affirmation de soi, car c'est souvent ce qui manque le plus aux stagiaires. Soit ils sont timides et n'osent pas dire ce qu'ils pensent, soit ils s'imposent d'une façon agressive. Dans les deux cas, cela finit par provoquer des tensions : la victime, lasse de se laisser marcher sur les pieds, finit par se révolter et l'agresseur se retrouve agressé à son tour.

« Le but est non pas de les changer du tout au tout, mais de leur faire comprendre une chose importante : qu'ils ne changeront pas les gens autour s'ils ne changent pas eux-mêmes. Je me souviens en particulier d'une

dame que j'ai eue deux fois en stage, à un an d'intervalle. La première session, la pauvre était dans un état proche de la dépression. Elle se voyait vraiment nulle, sans intérêt, n'osait jamais dire non, ni oui d'ailleurs, de peur de mal faire. Elle m'a dit notamment une phrase qui m'a marqué : « Quand une personne marche en face de moi sur le trottoir et qu'il n'y a pas de place pour deux personnes, c'est toujours moi qui descends, quitte à marcher dans la rigole qui mène au caniveau." J'ai travaillé avec elle pendant une semaine. À la fin de la semaine, elle paraissait déjà plus grande (elle ne regardait plus par terre quand on lui parlait), plus pimpante (elle se maquillait un peu, elle était plus ouverte). En la quittant, je lui ai conseillé un thérapeute de ma connaissance. L'année d'après, elle est revenue pour un stage de management. Elle avait beaucoup changé. Et la première phrase qu'elle m'a dite était : "Désormais, je ne marche plus dans le caniveau… »

Bernard, 48 ans

Un peu de théorie

Qu'est-ce que l'affirmation de soi ?

L'affirmation de soi, c'est la capacité à exprimer ses émotions, ses besoins, ses sentiments, ses opinions, en se respectant et en respectant l'autre. C'est une attitude qui consiste à croire et à prouver à autrui que l'on a de la valeur, sans non plus chercher à le dévaloriser. L'affirmation de soi positive est possible quand on se connaît bien et quand on s'accepte tel que l'on est, mais qu'on ne se résigne pas à le rester si l'image idéale ne correspond pas tout à fait à l'image actuelle que l'on a de soi !

Éric Berne a raison en disant que *« nous naissons princes »*. En effet, tous les bébés ont naturellement une bonne affirmation de soi : quand ils ont faim, soif, quand ils ont envie de câlins, quand ils sont tristes ou en colère, ils le font savoir par des cris, des gestes, des pleurs ou des sourires. Évidemment, à cet âge-là, ils prennent rarement en compte les besoins des autres (comme : *« Maman a envie de dormir ! »*). Puis ils grandissent, apprennent à parler, sont éduqués et heureusement d'ailleurs, car sinon... quelle cacophonie ! Cependant, il serait judicieux de ne pas complètement oublier certains principes fondateurs de notre petite enfance.

Qu'est-ce qui peut empêcher une bonne affirmation de soi ?

Dans nos relations avec les autres, deux éléments sont cruciaux : l'importance et la valeur que je me donne et l'importance et la valeur que je donne aux autres. Trois situations peuvent donc empêcher une bonne affirmation de soi.

On ne peut s'affirmer correctement quand on se donne beaucoup d'importance et peu aux autres. Certains vous diront de tel individu : *« Ah ben ça, pour s'affirmer, il s'affirme ! »* En effet, il exprime son opinion, ses sentiments, ses besoins, mais sans prendre en compte ceux des autres : il s'impose, ne fait pas de compromis. Il ne fait que provoquer le conflit. Cette attitude est parfois payante, mais à long terme, elle est plus destructrice que bienfaisante, que ce soit pour l'intéressé ou ceux qui le supportent.

On ne peut s'affirmer correctement quand on donne aux autres beaucoup plus d'importance qu'à soi-même. C'est certainement le cas de l'ancienne stagiaire de Bernard, qui descend du trottoir quand elle croise quelqu'un. Quand on agit ainsi, on se renie soi-même, ses besoins, ses émotions. On ne s'accorde aucune valeur. On dépend entièrement de l'autre et de ce qu'il veut bien nous laisser. Il arrive bien sûr que nous soyons appréciés pour notre dévouement, mais sommes-nous respectés ?

Enfin, nous ne pouvons nous affirmer correctement quand ni les autres ni nous n'avons de valeur à nos yeux. On est une victime, de soi-même et des autres. On ne dit pas clairement ses besoins ou ses sentiments. On se culpabilise et on culpabilise les autres. Cette attitude provoque des conflits intérieurs (frustrations, ruminations) et ne favorise aucune affirmation de soi. C'est, par exemple, la collègue qui vous dit : *« Bon, ben je vais le taper ce rapport, puisque personne ne veut le faire ! »* alors que personne ne lui a encore rien demandé.

Alors que faire ?

L'affirmation de soi, c'est une question d'authenticité, mais aussi de savoir-être et de savoir-vivre. Qu'aimez-vous chez vos amis ? Leur sincérité, le fait qu'ils vivent selon leurs valeurs, tout en respectant celles des autres non ? Si vous aimez cela chez autrui, pourquoi ne le faites-vous pas pour vous-même, afin de mieux vous aimer et de donner un petit coup de neuf à votre estime de soi ?

Pour cela, il faut déjà s'accepter et être en connexion avec ses besoins et ses sentiments. Cela permet, dans un premier temps, de définir ses priorités et de ne pas tout le temps subir celles des autres. Ai-je vraiment envie d'aller à ce dîner ? De quoi ai-je besoin pour me sentir bien, là maintenant ? Quelles sont mes ressources, mes possibilités pour satisfaire ce besoin ? Puis, il est important de savoir formuler ses demandes clairement (et non pas attendre que l'autre s'en doute, comme par miracle) et de savoir dire oui ou non à la demande de quelqu'un (en acceptant que l'autre ne soit pas d'accord). Mais il faut aussi observer l'autre, pour mieux le comprendre afin de trouver un compromis entre ses propres attentes et les siennes…

À RETENIR

L'affirmation de soi : le meilleur équilibre entre moi-même et le monde

S'affirmer, c'est prendre conscience de ses besoins et ses sentiments, pour les communiquer à l'autre, tout en le respectant.

L'affirmation de soi, ce n'est pas si simple !

En effet, l'équilibre est instable et il est facile de le rompre. On peut, en effet, selon son éducation, son vécu, ou même la situation en elle-même, tomber dans des rapports de force à son avantage ou à son désavantage et renier ainsi totalement son bien-être ou celui d'autrui.

L'affirmation de soi : oser être soi-même

S'affirmer, ce n'est pas devenir un surhomme. C'est, au contraire, être pleinement conscient de soi, de ses besoins, de ses limites physiques ou psychologiques, afin de mieux s'y adapter et ne pas fonctionner « à marche forcée ». Cela demande beaucoup d'attention envers soi, mais aussi beaucoup d'attention envers les autres…

Faire taire son « juge intérieur »

« Cette voix dans votre tête n'est pas la voix de Dieu, elle donne juste l'impression qu'elle l'est. »

Cheri Huber

Témoignage

« Je suis assez perfectionniste de nature, voire assez anxieux… J'ai toujours l'impression de mal faire, ou de ne pas assez bien faire. Quand on me demande un travail, j'ai toujours un premier moment de panique, où je me dis : "Mon Dieu, je ne vais pas y arriver", alors que j'y arrive quasiment toujours au final, parce que je suis justement hyperperfectionniste !

« Je commence à réaliser depuis peu mon problème. En fait, depuis quatre mois, je travaille avec une nouvelle collègue, très sympa, efficace et qui ne semble pas, contrairement à moi, stresser de façon exagérée. Elle est, au contraire, très sûre d'elle, mais sans être snob ou hautaine. Il y a un mois environ, notre chef nous a confié une mission assez difficile de centralisation et de classement de l'information de tout le service. Tout ça en vue d'une dématérialisation prochaine (en fait, c'est mettre la majorité des documents archivés sur un serveur informatique, afin de gagner de la place, de ne pas tout perdre en cas d'incendie ou d'inondation et d'utiliser moins de papier). C'est un sacré boulot, parce qu'il faut à la fois regrouper, trier et classer tous les documents à scanner ! Quand il nous l'a dit, il avait une sorte d'air goguenard et autoritaire à la fois… du moins c'est ce que j'ai cru. Je ne sais pas pourquoi, mais j'ai tout de suite pensé qu'il voulait me mettre la pression pour voir si j'étais capable de faire ça dans les temps.

« Une fois seuls, j'ai dit ce que j'en pensais à Alice. Elle a paru surprise et m'a répondu du tac au tac : "Non, je pense, au contraire, qu'il nous fait confiance. Ce boulot est difficile parce que c'est nous qui allons décider ce qui vaut la peine d'être gardé ou pas, et je ne pense pas qu'il l'aurait donné à n'importe qui…" Sur le coup, ça m'a un peu choqué qu'elle dise cela, parce que j'avais l'impression qu'elle nous flattait. Et puis, j'ai réfléchi et j'ai pensé qu'elle n'avait peut-être pas tort.
« En fait, c'est ça mon problème. Quand quelque chose m'atteint, je prends toujours la pire des options et je m'angoisse tout seul. Quand quelqu'un ne me répond pas, c'est qu'il se fout de moi, alors qu'en fait, il n'a juste pas entendu… C'est assez fatigant en fait, parce que je me mets tout seul dans des états pas possibles… et comme je n'ose jamais éclaircir ce qui me tracasse vraiment… Mais j'ai trouvé une solution : maintenant, je vais essayer de réfléchir à ce qu'Alice penserait si elle était à ma place… peut-être que ça marchera ? »

Brice, 32 ans

Un peu de théorie

Les pensées automatiques

Les pensées automatiques sont ces petites phrases que nous nous disons de façon instantanée face à certaines situations. Elles reflètent ce que l'on appelle notre schéma cognitif personnel, c'est-à-dire la synthèse que nous faisons de toutes nos expériences passées. Ce schéma cognitif nous guide quant à l'interprétation des situations et produit alors, de façon instantanée, des pensées automatiques. Nous sommes passifs face à ces pensées, elles s'imposent à nous. Ces pensées, selon le schéma que l'on s'est construit, peuvent être plutôt bienfaisantes ou, au contraire, très stressantes. Pour les sujets à basse estime de soi, elles représentent un critique interne, voire un vrai tribunal, jamais satisfait, autoritaire, agressif et sans pitié. C'est bien simple, si une personne devait nous dire à haute voix ce que nous nous disons parfois à nous-mêmes, nous en serions outrés…

De très mauvais juges

En cas de mauvaise estime de soi, les pensées automatiques sont donc des jugements lapidaires sur nous-mêmes, qui « déforment la réalité », selon ce que notre schéma cognitif nous commande de comprendre (dans un premier temps et avant toute réflexion). Elles obéissent à plusieurs règles, toutes aussi mauvaises les unes que les autres.

Elles généralisent à outrance : *« Tu es nul »*, elles affirment sans aucune preuve : *« De toute façon, tu ne vas pas y arriver »*, elles devinent ce que les autres pensent : *« Ils me prennent pour un incompétent »* ou encore, elles déduisent des choses fausses : *« S'il ne m'a pas répondu, c'est qu'il me méprise »*. Bref, si un jury devait s'y fier, la justice ne serait pas belle à voir. En fait, ce juge intérieur est notre pire ennemi, car il peut nous rendre fragiles et peu confiants.

Le problème, c'est que ce sont ces pensées qui vont, dans un premier temps, provoquer nos émotions. Brice le dit bien : les pensées qu'il a le rendent anxieux dans un premier temps, même s'il arrive à se raisonner ensuite. Et nos émotions vont, dans la très grande majorité des cas, commander nos actions…

Rendre ces juges plus… objectifs

« Je pense donc je suis » disait Descartes sur l'homme. Mais il parlait certainement des pensées dites rationnelles, celles qui sont conscientes, réfléchies, intentionnelles. Nous contrôlons, en effet, ces pensées, nous y avons un rôle actif. Les pensées rationnelles nous aident à analyser les situations et à choisir le meilleur comportement à tenir.

Le but ici est d'y avoir recours le plus souvent possible, pour contrebalancer les pensées automatiques. Ce n'est pas évident au début, car ces dernières sont très fugaces, mais il est possible de les isoler. Au début, on ne peut le faire qu'après coup, comme l'a fait Brice en parlant avec sa collègue. Mais le plus important est d'en prendre conscience, pour pouvoir, dans un deuxième temps, travailler sur soi. Car il faudra ensuite analyser les racines de ces pensées et le schéma cognitif qui les sous-tend : chercher les fondements un peu plus loin, dans son vécu et le ressenti par rapport à ce vécu…

Dans les cas où la pensée automatique est dévalorisante comme : *« Je me suis planté, je suis nul »*, on peut alors se demander : est-ce que je fais une autocritique constructive ou pas de moi-même ? Dans le cas où ce n'en est pas une et si je dois réellement m'améliorer, il faut alors penser concret, c'est-à-dire : quels sont les moyens, les pistes que je peux exploiter pour faire mieux ?

Une autre façon de faire est de mettre ces pensées automatiques à l'épreuve de la réalité. Cela demande l'effort d'oser demander des explications ou d'agir tout simplement. Mais c'est quelquefois très efficace pour éliminer les plus récurrentes. Dans le cas de Brice, par exemple, quand il raconte qu'il pense que l'autre ne lui répond pas parce qu'il se moque de lui, « l'épreuve de la réalité » aurait été de répéter la question ou d'interpeller son interlocuteur plus fort. Ce sont quelquefois des actes vraiment simples et bénins, qui nous permettent de clarifier les situations, pour ne pas répéter sans fin les mêmes pensées automatiques…

À RETENIR

Les pensées automatiques sont le reflet de notre estime de soi

En effet, elles sont la conclusion que nos schémas cognitifs tirent d'une certaine situation, en se basant exclusivement sur nos expériences passées et donc sur notre estime de soi. Elles sont donc négatives si notre estime de soi est mauvaise, et vice versa. De plus, elles agissent comme de mauvais juges, partiaux, arbitraires et abusifs.

Les nuancer par des pensées rationnelles

Il est d'abord nécessaire d'isoler ces pensées automatiques pour pouvoir prendre du recul, déjà, et analyser le schéma cognitif qui y est associé. On peut également rendre ces pensées constructives, en cherchant des moyens concrets de réellement s'améliorer si après leur analyse, cela reste un besoin objectif. On peut également les confronter à la réalité, pour s'assurer qu'elles ne sont pas fondées.

Oser dire non !

« Heureux et libre est celui qui ose dire non ! »

Peter de Genestet

Témoignage

« Je ne sais pas pourquoi, mais je ne sais pas dire non. Enfin si, je sais pourquoi : je déteste les conflits. Toute petite déjà, je détestais cela. Mon père était très autoritaire et ma sœur aînée, beaucoup plus âgée que moi (on a 10 ans de différence), a toujours été assez rebelle contre la toute puissance paternelle. Je me rappelle avoir été littéralement terrifiée quand je les entendais tous les trois se disputer (car ma mère s'y mettait aussi souvent, pour les "calmer"), claquer les portes et frapper dans les objets… Je crois que j'ai gardé depuis une haine des cris, des disputes. La moindre tension me stresse, même si elle ne me concerne pas.

« Comme je ne dis jamais non, par peur de provoquer une dispute, je me retrouve souvent dans des situations pénibles. La dernière fois, au mois d'août, je me suis quand même retrouvée à aller arroser les plantes et nourrir les animaux de quatre de mes voisins partis en vacances, alors que je continuais moi-même à travailler et que j'étais épuisée par le boulot et la chaleur.

« Souvent, je me dis que je suis idiote quand même, parce que je sais bien que dire non ne va pas provoquer un cataclysme, mais c'est plus fort que moi. Par exemple, samedi dernier, j'étais dans un magasin de sous-vêtements pour chercher une chemise de nuit. Je crois que les vendeuses ont un "radar à clientes qui ne savent pas dire non" : l'une d'elles m'a sauté dessus et m'a présenté au moins une dizaine d'articles qui ne

m'intéressaient pas du tout… Et non seulement je les ai tous essayés mais en plus, je suis repartie avec un ensemble de sous-vêtements en plus de ma chemise de nuit. Je sais bien que si j'avais dit non, la vendeuse n'en serait pas morte, mais sur le coup, je me suis dit qu'elle avait fait l'effort de déballer tout ça et que si je ne prenais pas au moins un article, elle aurait fait tout cela pour rien…

« J'ai aussi une amie qui m'énerve parce qu'à chaque fois qu'on se voit, elle parle, parle, sans m'écouter. Mais je n'ose jamais dire non quand elle sonne chez moi et s'invite pour boire un café… qui se prolonge jusqu'au dîner ! Je crois qu'en fait, je me mets trop à la place des autres, j'anticipe trop leurs réactions, ou alors je pense à mes réactions si j'étais à leur place ? Je ne sais pas.

« J'envie beaucoup les gens qui savent dire non sans craindre les représailles. Je me dis qu'ils doivent être plus tranquilles. En tout cas plus tranquilles que moi finalement, moi qui dis toujours oui pour justement avoir la paix ! »

Amélie, 29 ans

Un peu de théorie

Pourquoi dit-on oui… alors qu'on pense non ?

Les raisons de dire oui alors qu'on pense le contraire sont multiples. Celles qu'avance Amélie sont assez « classiques ». Certaines personnes ont, en effet, peur du conflit. Dire non réveille en elles de vieux souvenirs, conscients ou inconscients, dans lesquels dire non provoquait une punition, une humiliation, une « catastrophe ». Le « non » est alors associé à un mot négatif et destructeur. En outre, ces personnes surestiment souvent l'effet d'un refus et pensent que l'autre ne pourra le supporter. Mais est-ce bien certain ? Pour d'autres, dire oui est une façon de se sentir indispensables et ils pensent acquérir un peu plus de valeur aux yeux des autres. Ils peuvent aussi estimer qu'en rendant service, l'autre s'en souviendra au moment opportun… ce qui n'est pas toujours le cas.

Mais c'est surtout la peur de ne pas être apprécié, aimé, qui pousse à dire oui : *« Si je dis non, l'autre ne va plus m'aimer, je vais perdre toute valeur à ses yeux. »* Ces personnes considèrent qu'elles ne peuvent avoir de la valeur que dans l'acceptation inconditionnelle de tout ce qui vient de l'autre, même à leur propre détriment, et que c'est pour elles la seule façon de ne pas se faire rejeter.

Les effets négatifs du faux « oui »

En effet, à court terme, un faux « oui » crée des frustrations, des ruminations, voire des rancunes tenaces. On se dit alors : *« C'est toujours les mêmes qui trinquent pendant que d'autres se la coulent douce ! »* Mais on peut aussi saper son estime de soi en se sentant bête et incapable de s'affirmer : *« Que je suis idiote d'avoir accepté de rester plus tard ce soir ! »*

De plus, comme la motivation n'est pas là, on fait les choses à contre-cœur, en les bâclant et en courant le risque de se faire réprimander ensuite…

À plus long terme, on court le risque de se sentir obligé de dire oui à chaque fois… En effet, quand on a dit oui une fois, il est plus difficile ensuite de dire non : les commerciaux connaissent bien cette technique de vente (par la manipulation) qu'ils appellent « le pied dans la porte »…

Enfin, n'avez-vous jamais entendu quelqu'un dire d'un de vos collègues par exemple : *« T'inquiète pas, tu peux lui demander, il ne dit jamais non ! »* Pensez-vous vraiment que ce collègue soit réellement respecté ?

Oser dire non… pourquoi ?

Oser dire non, c'est ne pas faire ce que l'on n'a pas envie de faire, ou ce que l'on ne peut pas faire pour une bonne raison. C'est donc une façon de maintenir et de protéger son estime de soi en privilégiant ses propres besoins, son énergie, son temps, voire son argent, pour les consacrer à des activités qui paraissent plus importantes. Attention, l'idée n'est pas de dire non de façon constante et automatique, mais le dire de temps en temps ne fait-il pas apprécier un peu plus le « oui » que l'on accorde de bon cœur ?

Une bonne façon de dire non

Savoir dire non se travaille tous les jours. Cela nécessite de la fermeté, mais il est important de dire non à la demande et non pas à la personne devant vous. Sachez dire non d'abord, mais faites preuve d'empathie. Essayez éventuellement de chercher avec votre interlocuteur des alternatives possibles le concernant lui et sa demande, sans que ces alternatives soient une contrepartie à votre « non » (eh oui, vous culpabilisez…).

N'hésitez pas à demander un délai pour réfléchir et pour ne pas répondre un « non » un peu trop abrupt et qui risquerait, pour le coup, d'être mal pris. Si besoin est, argumentez votre refus, avec un seul argument de préférence, pour ne pas donner l'impression de vous justifier. Et faites en sorte que votre argument soit authentique… Car un mensonge en appelle souvent d'autres !

Si vous n'êtes pas sûr de vous, commencez par dire non à des personnes de moindre importance pour vous (un vendeur par exemple), c'est-à-dire sans enjeu réel, puis augmentez la difficulté progressivement. Pensez à une chose : quand on dit non aux autres, c'est à soi que l'on dit oui…

À RETENIR

Toutes les raisons sont bonnes pour dire oui...

La peur de se faire rejeter, l'impression de faire plaisir, la demande de reconnaissance, de réciprocité, l'angoisse de se disputer ou l'envie d'être indispensable sont autant de (mauvaises) raisons pour dire oui quand on pense non.

Le doigt dans l'engrenage du faux « oui »

Dire oui à mauvais escient entraîne, en général, une dévalorisation de l'estime de soi, due à un manque d'affirmation de soi, souvent renforcée par l'attitude des autres, qui ont tendance à profiter, pas forcément méchamment d'ailleurs, de celui qui accepte tout trop vite.

Alors comment dire non ?

Être ferme dans son refus est la première étape. Ne pas chercher de fausses excuses, mais un seul argument authentique est la seconde étape. Enfin, s'intéresser au sort de la personne à qui l'on a refusé quelque chose et l'aider à trouver une solution à son problème, c'est plus facile quand on a déjà dit non…

Demander ce que l'on veut vraiment

« Plus nous sommes au clair avec ce que nous voulons en retour, plus nous avons de chances de l'obtenir. »

Marshall Rosenberg

Témoignage

« Je travaille toute la journée et j'ai un emploi assez stressant et qui me prend beaucoup de temps, parce que je suis souvent d'astreinte. Je suis chargée de planning dans une agence d'intérim et je dois quelquefois rester tard au travail pour m'assurer que les intérimaires ont bien tous été embauchés, même ceux engagés dans les postes de nuit. Bref, quand je rentre à la maison, en général, je suis vraiment vannée et j'apprécie quand c'est calme, que les enfants sont couchés et que Fabien, mon mari, a fait à manger ! Mais ce n'est pas toujours le cas, parce que Fabien travaille aussi en décalé et qu'il peut être appelé en urgence (il est ambulancier). Donc, c'est souvent le stress à la maison…

« Malheureusement, quand je suis fatiguée ou que j'ai passé une mauvaise journée, ma patience est vraiment très très limitée et je m'énerve très vite. J'ai beau demander aux enfants de ne pas faire de bruit et d'être sages, ce sont des enfants et je sais qu'ils ont besoin de s'amuser, mais ça me met les nerfs en pelote et je n'arrive pas à le leur dire sans crier une bonne fois pour toutes. C'est pareil avec Fabien, je m'aperçois que j'ai parfois du mal à formuler ce que je veux et que je peux paraître vraiment très sèche.

« La dernière fois, ça a été la goutte qui a fait déborder le vase : il me parlait de son travail, plus particulièrement d'un de ses collègues, qui l'énerve. J'étais moi-même très fatiguée, je n'étais pas vraiment disponible pour discuter, j'avais juste besoin de me poser et boire un verre. Mais je ne sais pas pourquoi, je lui ai dit : "Écoute, je suis crevée, laisse-moi tranquille avec tes histoires de boulot, t'as qu'à lui dire à ton collègue qu'il t'emmerde, moi je n'y peux rien." Au moment où je lui ai dit ça, j'ai su que j'avais fait une bêtise évidemment, mais je n'ai pas pu m'arrêter. Il s'est levé, il est sorti. Je suis allée le voir ensuite, en lui demandant pardon, mais il m'a dit qu'il en avait un peu marre de m'entendre parler comme ça et qu'il aimerait retrouver la Marianne qu'il avait connue… La Marianne qu'il avait connue ? Quand je lui ai demandé ce qu'il voulait dire par là, il m'a dit que je voyais très bien ce qu'il voulait dire… Ça a dégénéré, parce que je me suis sentie rejetée. Le ton est monté encore plus et finalement, il est parti boire un verre avec ses potes. Nous nous sommes réconciliés, mais jusqu'à quand ? »

Marianne, 41 ans

Un peu de théorie

Comment exprimer une demande sans exiger ou implorer ?

Quand on fait une demande, il arrive souvent de ne pas savoir l'exprimer correctement : on est cassant ou, au contraire, trop soumis (on prend des chemins détournés). Les deux options sont évidemment mauvaises, puisqu'elles dénotent toutes les deux des dysfonctionnements dans la communication avec autrui. Et évidemment, quand on communique mal, on réduit son savoir-faire social et le savoir-faire social est une des composantes de l'estime de soi. Alors, comment faire une demande en la préservant ? On peut utiliser la communication non violente, qui est une technique de communication développée par Marshall Rosenberg, un psychologue américain, pour réduire les tensions interpersonnelles, et qui s'avère être souvent efficace quand il s'agit de faire des demandes délicates, ou chargées émotionnellement.

Ne pas juger : être précis et factuel

Souvent, quand nous faisons une demande, celle-ci est motivée par une situation, un événement, une attitude, parce que nuisant à notre bien-être (au sens large). Nous avons donc tendance à juger la situation, c'est-à-dire à lui donner une valeur négative (en nous appuyant sur notre point de vue seulement). Par exemple, Marianne, quand elle rentre chez elle, pense : *« Mon dieu, les enfants sont infernaux. »* Mais cette pensée n'a rien « d'objectif », dans le sens où elle ne fait apparaître aucun fait précis qui puisse être modifié de façon précise. Alors, elle donne un ordre, qui n'est pas plus précis : *« Soyez sages ! »* La première étape consiste donc à essayer de préciser réellement ce qui ne nous convient pas, en utilisant de préférence le « je » : *« Je suis gênée par le bruit que vous faites quand vous jouez aux pirates. »*

Exprimer ce que l'on ressent

Les sentiments sont des outils puissants, car ils permettent de nous connecter à autrui, à travers l'empathie. Mais il est rare, finalement, d'exprimer ses sentiments, car cela ne nous est pas habituel et parce que nous avons peur d'être vus comme « faibles ». On ne parle que sur un mode intellectuel, en niant notre part émotionnelle. À la place, on dit : *« Il faudrait »*, ou *« Je dois »* ou encore *« Je pense »*, on exprime des opinions, des règles… Ainsi, Marianne peut se sentir frustrée, excédée, déçue, énervée, mais le garde en elle, pour ensuite exploser… Le plus simple est de le dire, ne serait-ce que pour renseigner l'autre sur votre état, avant que l'émotion ne soit trop forte et que vous ne puissiez plus la contrôler !

Exprimer ce dont on a besoin

Le besoin est ici central, puisqu'il introduit la demande qui va être faite. Une demande exprimée sans sentiment et sans besoin est souvent perçue comme un ordre, sec et péremptoire. Le besoin, c'est ce qu'il vous faut pour être bien et ça, personne ne peut le savoir à votre place. De quoi ai-je réellement besoin maintenant ? De ne pas m'occuper du dîner ? De me reposer dans ma chambre ? Trop souvent, nous agissons sans nous préoccuper de notre besoin, sans même en prendre conscience. Et on en vient ensuite à nous en vouloir, ou à en vouloir à l'autre de ne pas combler des besoins… que nous n'avons pas exprimés !

Faire une demande claire et précise

« Je veux que tu sois sage », *« Je veux que tu redeviennes la Marianne que j'ai connue »*. Qui pourrait savoir ce que ces phrases signifient réellement ? Comment s'étonner alors que les autres ne les comprennent pas, ou mal, ou rechignent à les appliquer ? Une demande doit être la conséquence d'un fait bien précis (voir la première étape). Les enfants font trop de bruit quand ils jouent aux pirates ? Ce n'est pas le fait qu'ils jouent qui est gênant, c'est le bruit qu'ils font, alors laissez-les jouer, mais invitez-les à jouer à un jeu moins bruyant, au lieu de leur crier « d'arrêter ce boucan ».

Si on reprend les quatre étapes et qu'on rejoue la scène de dispute entre Marianne et Fabien, qu'aurait pu dire Marianne ? « (1) *Je vois que ton collègue t'énerve toujours et je sais que tu as envie d'en parler* (2) *mais je suis vraiment épuisée par la journée que j'ai eue aujourd'hui et je ne me sens pas vraiment disponible pour en parler.* (3) *J'ai vraiment besoin de me reposer et de passer un bon moment tranquille avec toi.* (4) *Est-ce qu'on peut en discuter plus tard ?* »

Il est certain que Fabien n'aurait pas réagi de la même façon…

À RETENIR

Une demande doit s'appuyer sur des faits...

... et non sur des jugements personnels. Ainsi, l'interlocuteur ne prendra pas la demande pour une critique négative.

Il est important d'exprimer ses sentiments

Exprimer son émotion avant qu'elle ne devienne trop envahissante est la meilleure façon de la désamorcer : vous vous en libérez et l'autre peut exercer son empathie.

Il est crucial d'exprimer son besoin

Une demande est faite pour augmenter votre bien-être : interrogez-vous donc sur ce dont vous avez besoin pour vous sentir bien.

Une demande doit être précise, claire et... réalisable

Elle doit définir une action concrète, à laquelle l'autre peut dire oui ou non, mais elle ne doit pas être trop générale, pour ne pas lui donner l'impression que vous lui demandez la lune...

Savoir accepter les critiques

« La critique peut être désagréable, mais elle est nécessaire. Elle est comme la douleur pour le corps humain : elle attire l'attention sur ce qui ne va pas. »

Winston Churchill

Témoignage

« Je suis mariée depuis maintenant 20 ans à mon époux, Francis. Au fil du temps, je me suis habituée à ses défauts… Tout le monde a ses défauts, n'est-ce pas ? Même moi, je dois en avoir d'assez insupportables ! Mais j'avoue que les siens deviennent de plus en plus difficiles à vivre au quotidien et qu'il a bien de la chance que je l'aime encore ! Francis est très fier, il ne supporte pas qu'on lui dise quoi que ce soit : il refuse de se remettre en question. En fait, je crois qu'il a peur de se faire manipuler par les autres. Ou il a peut-être peur que les autres lui disent ce qu'il ne veut pas entendre, je ne sais pas. Moi, j'ai renoncé à lui dire quoi que ce soit depuis longtemps. J'ai essayé plusieurs fois de lui faire comprendre qu'il ne devrait pas faire telle ou telle chose, que cela le desservirait certainement, mais c'est comme si ça rentrait par une oreille et que ça ressortait de l'autre. Je ne sais pas si c'est pour se protéger ou quoi, mais il ne supporte plus qu'on lui dise quoi que ce soit, même pour l'aider et surtout si ça concerne le travail évidemment.

« Je suis un peu inquiète pour lui, parce que cela commence à lui attirer de nombreux problèmes. Je connais bien son supérieur, Samir, parce que sa femme est une bonne amie à moi. Samir a tenu à me parler pour que j'essaie de raisonner Francis, de discuter avec lui. Il m'a raconté qu'au

dernier entretien d'évaluation, quand il a commencé à aborder ce qui n'allait pas et ce que Francis devait améliorer, Francis est parti dans une colère noire en disant que tout cela n'était pas sa faute, qu'on s'en prenait toujours au même, que lui connaissait son boulot sur le bout des doigts et qu'il ne changerait pas de toute façon. Le tout sur un ton péremptoire. Ça a failli déraper quand il a commencé à critiquer le management de Samir. Il est finalement parti en claquant la porte.

« Samir ne voulait pas, par égard pour l'ancienneté de mon mari, lui mettre un avertissement sans essayer de rediscuter avec lui, mais je ne suis vraiment pas sûre de pouvoir faire quelque chose... Si seulement il pouvait essayer d'écouter les critiques qu'on essaie de lui faire. Je ne comprends pas pourquoi il s'entête autant alors qu'il est dans son tort. Surtout que Samir n'avait finalement pas grand-chose à lui reprocher sur le côté technique, il voulait justement discuter de son attitude un peu agressive avec les autres collègues. ! C'est pourtant pour son bien qu'on fait ça... »

Élise, 55 ans

Un peu de théorie

Quand une mauvaise estime de soi empêche d'entendre ce qui serait bon pour soi

Il n'est jamais facile d'entendre quelqu'un nous critiquer... Mais même dans le cas où l'autre fait preuve de tact, deux situations peuvent nous empêcher de tirer profit de ces remarques. Quelqu'un qui a une estime de soi haute mais instable (comme Francis) peut voir la critique comme une insulte, voire comme de l'envie. Il aura tendance à la rejeter, en discréditant notamment son auteur. Il se protégera en évitant de remettre en cause l'image idéale qu'il s'est durement forgée au fil du temps.

Quelqu'un qui a une basse estime de soi, au contraire, a tendance à prendre la critique au pied de la lettre, car elle ne fait que confirmer son peu de valeur, ce qui satisfait son besoin de cohérence (les autres me voient bien comme je me vois moi-même). Mais un sujet à basse estime de soi a une particularité. Il aura également tendance, toujours dans ce souci de cohérence, à dévaloriser même les critiques positives : *« Oh, tu dis ça pour me faire plaisir »* ou *« Tu sais, j'ai eu beaucoup de chance sur ce coup-là »*, etc. Résultat : il refuse d'entendre ce qui pourrait l'aider à améliorer son estime de soi.

Les bienfaits de la critique

Évidemment, cela fait un peu sourire. Mais une critique permet, dans quasiment tous les cas, de progresser. Il est nécessaire et utile de considérer qu'une critique améliore la connaissance de soi.
La critique est même indispensable et ce, dès les premiers âges de la vie. En effet, prendre en compte ces remarques permet une meilleure adaptation à son environnement et à son entourage. Prenons l'exemple de parents extrêmement laxistes, qui pensent que la moindre critique est mauvaise pour l'enfant. Ces enfants élevés sans limites véritables deviennent, généralement, des adultes sujets à des comportements violents, dès lors qu'ils sont frustrés, peu persévérants face à la difficulté et souvent plus agressifs, n'ayant jamais appris à réguler correctement leurs émotions.

Critique conditionnelle et inconditionnelle

Évidemment, tous les reproches ne se valent pas et il n'est pas facile de formuler une critique constructive, car cela demande beaucoup d'objectivité. Cependant, quand vous recevez une remarque négative, demandez-vous toujours une chose : est-ce une critique conditionnelle ou inconditionnelle ?
Une critique inconditionnelle est un jugement de valeur sur votre personne. Elle reste très « généralisante » et ne propose aucune solution pour

s'améliorer. Tout le monde a tendance à le faire, du prof de français *(« Élève moyen »)* au manager *(« Tu es vraiment bordélique ! »)*. Au contraire, une critique conditionnelle porte sur un point précis de votre comportement. Elle est factuelle, objective et ne porte pas de jugement. C'est la raison pour laquelle elle peut facilement déboucher sur une amélioration réelle. Ce sera par exemple : *« Je n'arrive pas à retrouver ce que je cherche dans ces dossiers. Peut-on se mettre d'accord sur un système de classement ? »* ou alors *« Manon a besoin de travailler son expression écrite et son orthographe »*. La différence est alors flagrante.

Ainsi, lorsqu'on vous fait des reproches qui sont plutôt des jugements inconditionnels, vous pouvez montrer votre bonne volonté et votre intérêt en les transformant en critiques conditionnelles. Comment ? Reformulez et posez des questions : *« Je comprends que tu ne sois pas content de mon travail. Mais j'ai passé du temps dessus et je ne pense pas que tout soit à jeter. Peux-tu me dire exactement ce qui ne va pas ? Peux-tu me dire comment je peux m'y prendre la prochaine fois ? »*

Vous aurez démontré que vous pouvez accepter des critiques sans les dévaloriser ou les détourner. Et votre estime de soi en ressortira intacte voire grandie, car vous ne serez pas resté sur un jugement négatif, mais sur une piste d'amélioration…

À RETENIR

Dis-moi comment tu reçois une critique, je te dirai quelle estime de soi tu as...

Une trop haute ou une trop basse estime de soi empêche d'être objectif face à une remarque, car elle pousse à utiliser des mécanismes de défense inutiles : rejeter la faute sur l'autre, intérioriser ou accepter sans trier tout le mal que l'on dit de vous.

Les critiques sont nécessaires à une vie harmonieuse en société

Elles permettent, dès l'enfance, de mieux adapter notre comportement, en prenant conscience des choses à ne pas faire et en nous aidant à réguler nos émotions. Elles mènent à une meilleure connaissance de soi.

Ce qui ne nous tue pas nous rend plus forts

Même si vous devez recevoir des reproches blessants, prenez du recul et tentez d'y trouver des moyens de vous améliorer. Ne perdez pas votre sang-froid et posez des questions concrètes pour mieux faire la fois suivante.

Trouver sa place parmi les autres

« Savoir se situer et trouver sa juste place permet de développer une meilleure qualité de vie. »

Anonyme

Témoignage

« J'ai travaillé pendant un moment dans l'événementiel de luxe, un peu par hasard, parce que je connaissais quelqu'un, une ancienne amie de lycée, qui travaillait dans le milieu… Au début, j'ai été déroutée. C'était le genre BCBG, un peu snob, très bourgeois : j'avais l'impression d'être dans une série télé américaine. Et puis, j'ai fini par m'y habituer. Je me suis mise à parler comme mes collègues, à m'habiller comme elles. J'étais un peu grisée, j'avais l'impression de mener la grande vie. On organisait des soirées sur des yachts, dans des lofts immenses ou dans des restaurants chics… Au début, cela me faisait vraiment plaisir d'aller dans les boîtes branchées, les soirées privées… J'avais l'impression de faire partie d'une certaine élite : je voyais ces gens si beaux, si chic, si ostensiblement supérieurs aux autres, c'est comme si un peu de leur valeur rejaillissait sur moi.

« En revanche, sur le long terme, ça ne m'a pas été bénéfique, parce que j'avais parfois la sensation de ne pas être totalement à ma place. Tous mes collègues venaient de familles très aisées et avaient toujours baigné là-dedans. Déjà, financièrement, je n'arrivais pas toujours à suivre : je suis partie une fois en week-end à Deauville avec eux : en un week-end,

ils ont dû dépenser un SMIC chacun, au bas mot. Moi, je ne pouvais pas me le permettre et en plus, je ne me faisais pas vraiment à l'idée de payer une coupe de champagne 30 euros ! Ensuite, mes amis ne me reconnaissaient plus et j'ai failli me brouiller avec plus d'un. Ils me disaient que j'avais changé, que j'avais des attitudes un peu snobs. Même ma mère m'en a fait la remarque.

« Et moi-même, au bout d'un moment, je me suis aperçue que je n'étais pas vraiment heureuse. En fait, je me rendais compte que je me comparais tout le temps aux autres : est-ce que sa robe était plus belle que la mienne, est-ce que sa soirée était plus réussie… Ça en devenait vraiment ridicule ! Parfois, ça allait parce que je me trouvais mieux que les autres, mais la plupart du temps, la comparaison n'était pas à mon avantage et cela me faisait déprimer.

« Finalement, j'ai fini par démissionner. Je suis contente d'avoir fait cette expérience, parce que ça m'a rendu service par la suite : l'agence était très connue. Mais je suis finalement contente d'avoir retrouvé une certaine simplicité dans ma vie. J'ai beaucoup plus l'impression d'être à ma place… »

Lisa, 31 ans

Un peu de théorie

Ne pas se prendre pour quelqu'un d'autre

Nous avons chacun une identité, un passé, une culture, une éducation, une famille. Nous avons grandi avec et tout cela a formé l'image que nous avons de nous. Il est difficile de changer cette image, parce que cela nécessite de changer une grande partie de notre identité. Nous devons alors dépenser beaucoup d'énergie, renoncer à certaines de nos valeurs, escamoter purement et simplement une partie de nous. À court terme, cela peut être bénéfique, bon pour l'estime de soi : on rêve tous de passer une journée, une semaine, dans la peau d'un millionnaire… Mais sur le long terme, est-ce que cela peut nous rendre heureux ? Pas si sûr. Cela ne veut pas dire que l'on ne peut changer de vie et devenir quelqu'un d'autre, mais cela se travaille, se prépare sur la durée. Ce n'est pas pour rien que certains gagnants du Loto sont suivis psychologiquement…

Le risque, quand nous fréquentons des personnes qui ne nous correspondent pas (et ce, quel que soit le niveau socioculturel), c'est que nous « recommençons tout à zéro ». Il faut notamment apprendre une kyrielle de nouveaux codes : habillement, langage, mode de vie, centres d'intérêt, etc. Et cela nous rend très fragiles, car nous nous sentons peu sûrs de nous : est-ce que j'ai dit la bonne chose, mis la bonne tenue, etc. Et pour nous rassurer, nous nous comparons aux autres, par peur du rejet, de la différence, de la moquerie, voire du ridicule.

Éviter les compétitions inutiles

Il arrive également, comme Lisa le dit, que l'on se retrouve entraîné malgré soi dans une spirale de compétition permanente, surtout dans les milieux où la forme prime sur le fond (spectacle, art, mode, etc.). Évidemment, il est certain que la société de consommation dans laquelle nous vivons exacerbe ce sentiment de compétition et malmène de plus de plus les estimes de soi fragiles, en nous demandant d'être toujours plus compétents, plus beaux, plus jeunes…

De plus, la compétition a ceci de pernicieux qu'elle ne donne que des acquis fragiles et aisément remis en cause : l'estime de soi est renflouée un moment, mais la lutte est permanente. Être le meilleur est un travail épuisant et pas forcément payant. Cela ne signifie pas que toute compétition est mauvaise, loin de là. Seulement, il est souhaitable, surtout dans les situations d'estime de soi fragile, de se contenter des situations de compétition nécessaires à son bien-être et dans lesquelles on sait qu'on a des atouts à jouer…

Ne pas imiter mais s'inspirer

Les adolescents vivent une période où l'estime de soi est très fluctuante. Pour se rassurer, ils imitent très souvent les codes vestimentaires, esthétiques ou sociaux des idoles auxquelles ils s'identifient. Puis, dans la majorité des cas, ils mûrissent et finissent par avoir leur personnalité propre, résultat de leur éducation. D'ailleurs, la plupart d'entre nous regardent avec amusement ou horreur les photos d'adolescence, période souvent tourmentée et dans laquelle « on se cherche », dans tous les sens du terme.

Cependant, les personnes à basse estime de soi ont du mal à prendre cette indépendance et continuent à imiter leurs modèles, même s'ils ne leur correspondent pas, car cela les sécurise. Il est, bien sûr, important d'avoir des modèles, des idéaux, mais les imiter en tout point n'est pas la bonne solution, car c'est nier sa personnalité, ses besoins, ses envies profondes. C'est aussi le risque de passer une bonne partie, voire toute sa vie, à poursuivre des chimères inaccessibles. C'est surtout la certitude de se trouver toujours moins bien que ceux à qui l'on veut ressembler, surtout si ce sont des « stars » ou d'autres personnes qui ne vendent que leur image…

Le mieux est de s'inspirer des personnes du quotidien : il existe des tas de gens autour de nous qui font du bien aux autres, sans ostentation. On peut les observer, échanger avec eux, discuter, s'enrichir mutuellement, apprendre, bref s'inspirer d'eux. On peut aussi prendre du recul pour se demander quelles sont nos valeurs pour ne pas renier notre propre nature : cela reste la meilleure solution pour trouver sa place ici-bas.

À RETENIR

Choisir avec soin son groupe social

Vouloir à tout prix entrer dans des cercles qui nous sont étrangers est très risqué sans un travail de fond et une bonne préparation. Cela nécessite, en effet, une période d'apprentissage pendant laquelle nous sommes fragiles car peu sûrs de nous. Nous sommes alors plus sensibles au rejet, à la disgrâce.

Cesser de se comparer

Quand nous nous sentons peu confiants, nous avons tendance à nous comparer. Mais cette comparaison est à double tranchant : positive quelquefois, elle peut se révéler destructrice aussi pour l'estime de soi. L'avantage que l'on peut y gagner est toujours temporaire et il faut lutter pour se maintenir au plus haut niveau.

S'inspirer des bons modèles

Mieux vaut s'inspirer de son voisin que de la star de cinéma à la mode. En effet, avec une star de cinéma, on est sûr de ne jamais être à la hauteur, car on idéalise une image (retouchée sur Photoshop !). Alors que l'on peut apprendre réellement quelque chose de son voisin, discuter, échanger…

Formuler une critique sans dévaloriser

« La critique, art aisé, se doit d'être constructive. »

Boris Vian

Témoignage

« J'aime ma sœur, Laurence, mais elle me tape sur les nerfs comme pas possible. Ce n'est pas tant qu'elle soit méchante, mais elle n'est jamais contente de rien. Elle passe son temps à tout critiquer : le gouvernement (pour lequel elle a voté quand même !), les maîtresses d'école, les caissières au supermarché, les jeunes, les vieux... Bref, tout y passe. On dit que l'esprit critique est une qualité française, moi, je trouve que poussé à l'extrême, c'est un gros défaut !

« Je ne sais pas comment fait mon beau-frère pour la supporter. Il faut dire que le pauvre, il ouvre rarement la bouche et quand il l'ouvre, c'est pour acquiescer, sinon il se fait rabrouer. Je n'aime pas du tout comment Laurence lui parle d'ailleurs : on se demande parfois pourquoi elle l'a épousé. À l'entendre, c'est elle qui fait tout, il n'est pas capable de remplir ses fonctions de chef de famille, de s'occuper des enfants... à sa place, j'aurais fui depuis longtemps. Mais je n'ose rien dire à ma sœur à ce sujet, parce qu'évidemment, elle est très susceptible et qu'elle monterait tout de suite sur ses grands chevaux.

« Ce qui m'inquiète le plus finalement, ce n'est pas elle, ni son mari. À la limite, ils sont comme ça et ce n'est pas maintenant qu'on va reprendre leur éducation. Non, je m'inquiète pour mes neveux et nièces. Parce qu'en

plus, ils en ont fait des gosses ! Cinq ! Je n'ose pas imaginer comment ils vont devenir. J'espère qu'ils vont être forts et ne vont pas se laisser faire, comme Thibault, leur père, parce que sinon, les pauvres, ils risquent de se considérer vraiment comme des incapables. Pourtant, je sais que Laurence aime ses enfants, mais elle ne sait vraiment pas leur parler.
« La dernière fois, nous étions tous réunis pour le baptême de Flora, leur dernière petite fille. Guillaume, leur aîné, qui a 12 ans maintenant, est tombé de son vélo et a déchiré son pantalon. Mon Dieu ! Je suis resté bouche bée. Elle l'a vraiment humilié devant tout le monde, en lui disant qu'il n'était qu'un empoté, qu'il ne ferait jamais rien de bien et qu'elle en avait marre de lui. Il a 12 ans ! Tout le monde s'est senti gêné. Moi, je n'ai pas pu m'empêcher d'intervenir, je ne pouvais vraiment pas la laisser continuer, elle va en faire un inadapté ! Ça a failli terminer en pugilat et depuis, nos rapports sont très refroidis, mais bon, finalement, je ne suis pas mécontent de moins la voir… Quelle harpie ! »

Claude, 47 ans

Un peu de théorie

Définition d'une critique dévalorisante

Une critique dévalorisante peut durablement atteindre l'estime de soi de celui qui la reçoit, surtout si elle est répétée. Quelques erreurs à ne pas faire…

Humilier

Faire un reproche à quelqu'un en public est profondément humiliant pour la personne qui le reçoit. Évitez donc de prendre un tiers à partie : une critique doit, dans la mesure du possible, être faite en tête à tête. Attention, avec les enfants, il n'est pas toujours possible d'agir ainsi, car il est important de leur faire comprendre les limites, même, voire surtout en public (ils peuvent alors très vite profiter de la situation s'ils sentent votre gêne à les gronder). Si leur comportement est inacceptable, remettez-les en place fermement, mais n'hésitez pas, plus tard, au calme, à leur faire comprendre ce qui ne vous a pas plu dans leurs agissements.

Juger

Souvent, sous le coup de l'émotion, on a tendance à grossir le trait, à généraliser. On en vient alors à juger la valeur globale de la personne en face et non pas seulement un comportement ou une attitude bien précise : *« Tu es nul, qu'est-ce que je vais faire de toi ? »* Quelle est alors la réaction possible ? On peut intérioriser ce jugement : *« C'est vrai, je suis nul. »* On peut aussi le nier et ne changer que de façon superficielle, pour éviter de se faire réprimander, mais en gardant de la rancœur. On peut enfin réagir de façon agressive. Dans tous les cas, un reproche formulé ainsi est très destructeur pour l'estime de soi de la personne critiquée.

Critiquer de façon abusive

Vous connaissez sûrement une personne comme Laurence, qui critique tout et rien, tout le temps. Que se passe-t-il en général ? On ne l'écoute plus. Elle se décrédibilise aux yeux de tous, en passant pour une « harpie »… Au pire, on la fuit !

Alors comment faire une bonne critique ?

Premièrement, il faut s'assurer que la critique vaut la peine d'être formulée. Moins nous en faisons, plus les autres nous écoutent. Pour savoir si elle vaut la peine d'être formulée, il faut s'assurer que le comportement en question a bien des conséquences négatives sur les autres ou sur la personne elle-même. Deuxièmement, il faut essayer de toujours la faire

« à froid » : cela permet de prendre un peu de recul sur la situation et de se calmer. Cependant, inutile de trop attendre, la critique paraîtrait alors déplacée ! Voici comment formuler une critique correctement.

Décrire les faits

Partez de ce qui vous dérange vraiment dans le comportement de l'autre ou dans la situation, sans porter un jugement de valeur, c'est-à-dire sans généraliser. Ce n'est pas parce qu'une personne n'a pas rangé ses affaires qu'elle est forcément « bordélique »... et elle-même pense peut-être qu'elle est très ordonnée ! Une astuce pour cela : évitez, si possible, les mots « toujours » et « jamais » (*« Tu es toujours en retard »*, *« Tu ne fais jamais ce que je te demande »*). Essayez, dans la mesure du possible, de commencer la phrase par : *« Je suis gêné par... »*, *« Je constate que... »*. Soyez le plus précis possible dans les faits incriminés.

Nommer ses émotions

Cela permet d'informer l'autre sans l'agresser, mais en sollicitant son empathie, mais aussi de contrôler l'expression de votre émotion, en la verbalisant (au lieu de la montrer par un autre moyen...). De même, il vaut mieux dire : *« Je suis énervé »* plutôt que : *« Tu m'énerves »* : l'émotion est la même, mais l'une est décrite de façon factuelle, alors que l'autre est une accusation.

Formuler des solutions, des pistes d'amélioration

Une critique constructive doit obligatoirement déboucher sur une proposition de changement précise (et non pas : *« Essaye de faire mieux la prochaine fois »*). Sinon, c'est une critique gratuite, sans grand intérêt. Si vous ne connaissez pas la solution, rien ne vous empêche de demander à l'autre : *« Comment pourrait-on faire à l'avenir ? »*

À RETENIR

Soigner la forme

Évitez de critiquer une personne devant tout le monde, ou pire, de prendre un tiers comme témoin : cela ne peut que l'humilier et la pousser à rejeter en bloc tout ce que vous dites.

Ne pas émettre de jugement

Attention, la personne que vous critiquez n'est pas entièrement mauvaise. Alors soyez plus subtil et faites ressortir les faits et seulement les faits, en étant précis et concis.

Contrôler ses émotions

Évitez de faire votre critique au moment où vous êtes vraiment énervé : cela peut alors déboucher sur une dispute, ou sur des tensions larvées. Verbalisez calmement ce que vous ressentez.

Terminer sur une note positive

Vous devez proposer une solution concrète et réalisable, une piste pour aider l'autre à progresser, tout en faisant miroiter tous les avantages qu'il aura à vous écouter. C'est la meilleure façon de le motiver, tout en épargnant son estime de soi. Et en vous évitant des conflits ultérieurs…

Demander de l'aide à un professionnel

« Guérir parfois, soulager souvent, consoler toujours. »

Proverbe français

Témoignage

« Cela fait quelques années maintenant, en fait depuis que j'ai terminé mes études, que je suis dans le flou total par rapport à moi-même. C'est très bizarre : je culpabilise presque de ne pas être heureuse. Je suis plutôt jolie, je viens d'une famille aisée et je n'ai jamais eu de réels problèmes d'argent (je vis dans un très bel appartement appartenant à mes parents pour lequel je ne paye pas de loyer). J'ai également fait des études solides dans une école prestigieuse de New York et j'ai le travail dont tout le monde rêve ou presque, dans la production de musique indépendante. Et même si je n'ai pas de petit ami attitré en ce moment, j'ai vécu des histoires longues avec plusieurs personnes, avec qui je suis encore en bons termes et j'ai beaucoup d'amis. Je sais qu'avec tout cela, je devrais être heureuse et épanouie et je ne veux surtout pas paraître pour une ingrate ou une enfant gâtée, mais j'ai l'impression que ce n'est pas vraiment ce que je veux. L'embêtant, c'est que lorsque je me demande ce que je veux vraiment, que je me force à envisager des options plus précises, je suis incapable de le faire !

« En fait, ces derniers mois, je me suis sentie de plus en plus seule, presque désemparée. J'avais beau lire des tonnes de livres sur le développement personnel, je sentais que ça ne suffisait pas, qu'il me fallait quelque

chose de plus. Et puis, je commençais vraiment à me demander pourquoi j'enchaînais les histoires d'un soir sans pouvoir trouver un type stable, normal en fait !

« J'ai donc décidé d'aller voir un psychothérapeute. Mais comme je n'en connaissais pas et qu'il est difficile d'en choisir un au hasard dans l'annuaire, j'ai demandé par-ci par-là des conseils. Finalement, j'ai choisi celui qui habitait le plus près de chez moi. J'avais très peur la première fois, car j'avais peur qu'il me juge, ou pire, qu'il me traite d'enfant gâtée. Mais non, au contraire, il a été vraiment à l'écoute de mes problèmes, m'a posé pas mal de questions (et moi qui croyais que ça ne parlait pas un psy !) sur moi, ma vie, mon passé, mes relations avec les autres et surtout sur la raison de ma venue. Il ne m'a donné aucun diagnostic évidemment, mais m'a demandé sur quoi je voulais travailler, mes objectifs, ce que j'imaginais être "l'après-thérapie" par exemple. Je n'y avais pas pensé, en fait, et il m'a demandé d'y réfléchir. C'est pourquoi je suis en pleine introspection là… C'est déjà une bonne chose, non ? »

Lydie, 28 ans

Un peu de théorie

Quand aller voir un psy ?

Avant tout, il est préférable que ce soit un choix volontaire de votre part, plutôt qu'une soumission à la pression d'autrui, car le changement est plus facile quand on le souhaite vraiment. Cependant, écouter autrui n'est pas inutile non plus, puisqu'un ami peut très bien vous faire « ouvrir les yeux » sur vos besoins propres, dont vous ne vous êtes personnellement pas rendu compte. Souvent, c'est d'ailleurs le médecin généraliste qui conseille d'aller voir un psy, à la suite de symptômes psychologiques ou physiques plus

ou moins importants (phobies, insomnies, angoisses fréquentes, perte de l'appétit, difficultés de concentration, etc.).
Mais on peut aussi demander de l'aide quand, sans se sentir très mal, on sent bien que malgré les efforts personnels, la volonté, le soutien des amis et, éventuellement, la lecture de certains ouvrages, on ne trouve pas la solution à ses problèmes et que l'on souffre. La thérapie doit aider à trouver une solution à son mal-être plus rapidement que si l'on cheminait seul…

Quelle psychothérapie choisir ?

Loin de nous l'idée de vouloir vous conseiller un type de thérapie parmi les quelques centaines qui existent actuellement. Nous allons cependant décrire rapidement les deux principaux types de psychothérapies qui existent actuellement. Il est important de souligner que la quasi-totalité des thérapies ont comme but final de faire du bien à l'estime de soi.

Les thérapies psychanalytiques

D'un côté, vous avez la psychanalyse. La psychanalyse, en deux mots, s'applique à rechercher le pourquoi de votre mal-être, à travers l'inconscient notamment (analyse des rêves, association libre, etc.). Elle est donc très utile pour acquérir une meilleure connaissance de soi et peut permettre une meilleure compréhension de sa personnalité, voire un rétablissement durable de son bien-être psychique. Elle est cependant longue et dure plusieurs années en général : certains sont même en analyse toute leur vie !

Les thérapies comportementales et cognitives

D'un autre côté, vous avez les thérapies comportementales et cognitives (TCC), qui sont, elles, plus axées sur le soulagement rapide du patient. Elles s'avèrent très efficaces dans certains troubles comme les phobies ou l'anxiété sociale et font souvent intervenir, en plus de la parole, des exercices pratiques plus « physiques ». Elles sont donc plus orientées vers l'action et cherchent notamment à modifier les mauvais mécanismes de pensée induits dans certains troubles, sans forcément s'appesantir trop longtemps sur leurs causes. Elles sont aussi souvent limitées dans le temps et le patient, ayant des objectifs concrets (mais progressifs) à atteindre, est souvent plus impliqué dans leur guérison.

Cependant, la plupart des thérapies actuelles font intervenir plusieurs courants de psychologie différents, de façon simultanée ou consécutive. Par exemple, une approche cognitivo-comportementaliste sera préférée au début d'une thérapie pour soulager le patient dans un premier temps, puis une méthode plus analytique suivra afin de travailler plus en profondeur sur les causes du mal-être.

La condition *sine qua non* d'une bonne thérapie reste une relation saine avec son thérapeute... Que vous choisissiez l'une ou l'autre des thérapies décrites ci-dessus ou encore un autre type de thérapie (systémique, Gestalt-thérapie, art-thérapie, PNL, etc.), le plus important est d'avoir une relation basée sur la confiance. En effet, les thérapeutes ont, de par leur métier, un public facilement influençable puisque souvent en détresse et ils se doivent d'obéir à un code déontologique sérieux. Veillez à ce qu'il vous explique ce qu'il veut faire avec vous, comment il voit votre problème et quelles seront, éventuellement, les étapes de la thérapie. N'hésitez pas à lui poser des questions sur les techniques qu'il utilise et les raisons de son choix, voire sur ses diplômes et ses qualifications. Comme dit le proverbe : *« Mieux vaut prévenir que guérir... »*

À RETENIR

La thérapie, une question d'attitude

Choisir d'aller voir un psy est une démarche importante et pas forcément facile. Réfléchissez bien sur votre envie, votre implication, votre souhait et votre détermination pour changer, avant de consulter.

Consulter pour aller mieux

Nul besoin d'être au fond du trou pour aller consulter un psychothérapeute : souffrir suffit (la souffrance ne se mesure pas…). Alors si vous pensez que ce que vous avez tenté ne marche pas et que vous avez besoin d'aide pour aller mieux, n'hésitez pas !

Des thérapies variées pour tous les goûts

Un dicton dit qu'il y a autant de thérapies que de thérapeutes. C'est presque la vérité, bien que toutes aient finalement comme but la consolidation de l'estime de soi. Réfléchissez bien à ce que vous voulez trouver dans une thérapie avant de vous lancer. Et ne négligez surtout pas votre rapport avec le thérapeute : il vaut mieux en voir plusieurs que se lancer dans une thérapie avec quelqu'un en qui on n'a pas confiance…

EDITIONS ESI

60, rue Vitruve, 75020 Paris

Imprimé en Espagne par Graficas Jomagar SL

ISBN : 978-2-35355-673-1 - N° Sofédis : S460379